O PODER das VENDAS

Um Guia Para Excelentes Corretores Imobiliários

CHRISTINE HAMILTON

Copyright © 2020 Christine Hamilton

Todos os direitos reservados.

ISBN: 9781694948175

RESENHA DE O PODER DAS VENDAS

Muito caro. Essa foi a primeira coisa que pensei quando comprei o livro. Agora que eu li, acho que devo mais dinheiro à Christine. Que ótimo livro. E você nem precisa chegar na metade dele pra chegar na melhor parte. O capítulo 1 é cheio de excelentes conselhos! Esse livro é ótimo para corretores experientes. É excelente para pessoas que estão entrando no ramo de Venda de Imóveis. As pessoas estão sempre perguntando como os **melhores vendedores** *fazem. Qual é o segredo deles? Aqui está um livro que vem de uma desses melhores vendedores, e escrito de um jeito que traduz essa experiência de forma legível e compreensível.*

~GENE NEVES, Corretor de Imóveis Profissional
CastleRock Community

Este foi o melhor livro de treinamento em Venda de Imóveis de todos os tempos. Eu li ele inteiro. Ela realmente te dá exemplos e o processo passo a passo. Essa compra é indispensável.

~LISA, Compra Verificada na Kindle

Eu comprei esse livro na esperança de ampliar o treinamento que recebi na minha empresa. Este livro detalha informações e processos que ajudam a catapultar a carreira de um novato até um experiente profissional de Venda de Imóveis. Adorei a forma como Christine leva tempo para abordar a mentalidade, e incorporar desenvolvimento pessoal. Este livro entrega tudo e até mais do que eu esperava! De longe um dos melhores livros de venda de novos imóveis que já encontrei! Adorei e estou ansiosa para ouvir mais de Christine!

~LYNETTE BRIDGEFORTH, Consultora de Vendas
Pulte Homes

RESENHA DE O PODER DAS VENDAS

Um guia completo para novos profissionais de venda de imóveis, esse livro é uma ferramenta muito útil para gerentes e suas equipes. Na atual mudança de mercado, treinamento, e educação permanecem os pilares no desenvolvimento de uma grande equipe de vendas para construtores.

~LORIE DEEM, Presidente
Legacy Homes Southern California

A Experiência de Primeira Linha é evidente nesse conciso e bem escrito livro de Venda de Imóveis. Obviamente Christine esteve lá e fez aquilo, e está disposta a francamente dividir seu valioso conselho com o leitor. Tenho lido muitos livros de venda de imóveis, mas esse é diferente porque foi escrito por alguém que tem passado mais tempo na área de vendas do que na função de gestão/formação. Eu recomendaria esse livro para qualquer um que queira aprimorar e ganhar informação sobre a venda de novos imóveis.

~JIM McCORMACK, Diretor de Vendas
Mitchell and Best Homes

Ótima leitura para Corretores Profissionais. Adorei especialmente a mensagem – não espere o mercado chegar até você, AFETE O SEU Mercado! Esse livro não vai inspirar somente corretores profissionais de imóveis, mas qualquer um disposto a trabalhar duro no maravilhoso mundo das vendas.

~MICHAEL COLE, Gerente de Vendas
Ryan Homes

Eu já li esse livro duas vezes! Às vezes, como corretores de imóveis, nós caímos em crises e não sabemos o que fazer a respeito. Quando as vendas estão baixas e o seu gerente está no seu pé, esse é o livro que você precisa ler para te acelerar e fazer você vender novamente. Uma vez que você terminar de ler esse livro, eu garanto que você estará pronto para fazer o que for não só para bater suas metas de venda mensal, mas para ultrapassá-las. Eu altamente recomendo esse livro para os experientes e novos corretores.

~JARED XAMIR, Consultor de Vendas
D.R. Horton

RESENHA DE O PODER DAS VENDAS

Na verdade, eu peguei o livro emprestado de um corretor onde eu trabalho e eu amei! Eu não sou do tipo que faz anotações quando lê, mas Christine fez eu tirar o papel e a caneta. Se você está apenas começando em uma nova construtora ou já trabalha em uma há um tempo este é um ótimo livro para adquirir, permite que você entenda o cérebro de um PROfissional. O amigo com quem eu peguei o livro emprestado procurou a Sra. Hamilton pedindo conselho e eles acabaram se falando por telefone! Isso fala muito sobre uma escritora que quer que você esteja no topo do jogo, e está feliz em te apontar na direção certa!

~ROBBIE NEWMAN, Consultor de Vendas
D.R. Horton

Este livro é de fácil leitura e é um livro excelente. Apesar de ter trabalhado em uma imobiliária por mais de 35 anos, eu aprendi muito. Eu recomendo esse livro para alguém novo no negócio ou um corretor experiente, você achará isso muito útil.

~COURTNEY, Compra Verificada na Amazon

Eu comecei nesse negócio sem nenhuma experiência em imobiliária e muito nervosa. Eu era uma colaboradora temporária, meio período, de uma Construtora que eu queria muito trabalhar quando um de meus colegas de trabalho me deu este livro. Foi o meu primeiro treinamento e introdução em Venda de Imóveis, e fez uma grande diferença! Eu aprendi a ser confiante como novata nessa indústria, e como desenvolver minhas habilidades e crescer como uma Vendedora Profissional. Em apenas um ano eu fui contratada como Corretora período integral pela Companhia que eu estava temporária, e agora eu estou no comando da venda de toda uma Comunidade de 28 casas. Eu cresci tanto em tão pouco tempo e sou muito grata pela confiança que Christine me ajudou a ganhar com seu treinamento.

~NIKKI, Compra Verificada na Amazon

RESENHA DE O PODER DAS VENDAS

Um guia para o sucesso e grandes comissões! Este é um guia completo e prático para alcançar o sucesso na venda de imóveis. Leitura indispensável para todos os novos e experientes consultores.

~DIANE YOUNG, Edição para Kindle

Esse livro é excelente, ótimas dicas para os profissionais de venda de imóveis. Se você quer aumentar suas vendas, leia o livro da Christine.

~THOMAS VAN LITH, Conselheiro de Vendas
KB Home

Cinco Estrelas. Gostei muito dos valores da Christine e da voz motivacional direta!

~CLIENTE DA AMAZON, Edição para Kindle

O sucesso deixa um rastro e essa obra fornece uma abordagem completa de vendas que cobre o caminho crítico para o sucesso da venda de casas novas. Ele ensina os fundamentos do sucesso no nicho da venda de imóveis. É ideal para qualquer corretor de construtora ou alguém considerando uma carreira em novas construções. Siga a orientação dela para aumentar as vendas, ou para começar uma carreira de sucesso na venda de imóveis!

~JON HALLINGSTAD, Corretor Imobiliário
Prudential Patt White Real Estate

Livro excelente, ótimas dicas para os profissionais de venda de imóveis. Se você quer aumentar suas vendas, leia o livro da Christine.

~KATRINA AUSTIN, Compra Verificada da Amazon

RESENHA DE O PODER DAS VENDAS

Eu nem terminei ainda e esse já pode ser o melhor livro de vendas que já li. Estive no mundo de Venda Farmacêutica por 30 anos. Acabei de pegar esse livro e não consigo largar. Talvez as pessoas de venda de imóveis saibam de algo que outros vendedores não sabem. Você não ficará decepcionado.

~D. STEEL, Compra Verificada do Kindle

Este é um ótimo livro para ler. Eu vendi imóveis residenciais por 25 anos e ensinei os mesmos tópicos para muitos corretores novos. Ela apresenta o material em um formato de fácil leitura. Faça o que ela ensina e você terá uma ótima vida vendendo imóveis, e uma carreira muito gratificante.

~S. Trubatisky, Compra Verificada da Amazon

Eu curti esse livro! Está cheio de informações úteis para o que um novo vendedor de imóveis quer ser, ou um atual vendedor que precisa de habilidades melhores. Tem muita informação; ler mais de uma vez e fazer anotações melhorará suas chances de se tornar um novo vendedor de imóveis de sucesso.

~CLIENTE DA AMAZON, Compra Verificada da Kindle

Este é um ótimo livro para treinamento de funcionários. Se você tem dúvidas, Christine rapidamente responde aos emails.

~DESCONHECIDO, Compra Verificada da Amazon

Um ótimo livro para Pros e Novatos em Venda de Imóveis. Atualizei muitas técnicas antigas e aprendi muitos truques novos.

~Diane L. Eberhart, Kindle Edition

MINHA DEDICATÓRIA

"Devemos lembrar que um(a) vendedor(a) é o mesmo que o outro, e que o(a) melhor é quem é treinado(a) na escola mais severa"

- Tucídides

Eu dedico minha carreira e minha vida a serviço e contribuição da indústria da construção civil e para o mundo como um todo, sabendo plenamente que obtive o maior sucesso possível em todas as áreas da minha vida quando os que estão a minha volta também vencem. Eu vivo a vida como um exemplo para que os outros sigam adiante com um espírito de entusiasmo, alegria e sucesso. Minha vida é completa a medida que avanço com fé inerente e a crença de que tudo é possível e milagres acontecem.

Aqui está para o *seu* sucesso. Vai. Venda. Vença! Você tem o PODER!

Com amor,
Christine Hamilton

SUMÁRIO

	Introdução	xii
1	Mentalidade Lucrativa	1
2	Encontrando o Seu Porquê	15
3	Atraindo o Negócio	26
4	Sendo um Comunicador Mestre	38
5	Dominando a Personalidade de Vendedor	53
6	Uma Apresentação Perfeita	71
7	Como Esmagar a Concorrência	83
8	Contendo as Contingências	94
9	Superando Objeções	105
10	Dominando o Fechamento	126
11	Acompanhamento Fantástico	142
12	Posfácio: Completando o Círculo	155
	Agradecimentos	164
	Referências	168

INTRODUÇÃO

Para mim tudo começou na juventude, na influenciável idade de 18 anos, quando eu estava me aproximando da formatura do ensino médio. Naquele momento da história, as questões relativas às mulheres eram veementemente estudadas e discutidas. A discriminação sexual estava em toda a mídia e era o assunto mais discutido nos campus das universidades de todo o país. Frases como "Igualdade salarial para trabalhos iguais" e termos como "teto de vidro" eram as palavras de ordem. Foi nesse impressionante período da minha vida, nesse acalorado período sociopolítico para as mulheres, que minha mãe me deu um pequeno livro de bolso chamado *"Sales: The Fast Track for Women"*, de Connie McClung Siegel. Eu não era uma grande leitora naquela época, raramente escolhia livros pelo prazer da leitura, mas esse despertou meu interesse.

Mesmo em um período onde as oportunidades e opções de carreira para mulheres estavam envolvidas em controvérsias, eu sabia que iria ser uma *mulher profissional*. Olhando para trás, é estranho pensar em como trabalhar como uma "mulher profissional" era a exceção à regra. Foi uma escolha incomum e a estrada menos percorrida pela maioria das mulheres. Principalmente na área das vendas, considerada o mundo dos homens.

Talvez foram as fascinantes histórias de mulheres em grandes corporações mundiais, como Xerox e IBM, que me atraíram. Ou as histórias de donas de casa que se tornaram executivas e a promessa de uma renda de seis dígitos. Pode ter sido o estilo do uniforme do Big Blue

INTRODUÇÃO

e seus ternos azul-marinho da Ralph Lauren com camisas brancas de colarinho americano, ou o caminho para se tornar a CEO de uma multinacional. Mais do que tudo, porém, foi a mensagem de que o desempenho não é medido por vieses sexuais, mas sim por *resultados*. Foi essa última palavra que ressoou em mim. Eu sabia que havia trabalhado duro e me sobressaído mais do que a maioria das pessoas. Eu estava atraída pela ideia de ser recompensada por minhas conquistas. Depois de ler as palavras de Siegel, eu sabia que estava destinada a uma carreira em vendas!

Assim, minha carreira em vendas começou logo após o retorno de um intercâmbio de um ano no Brasil. Eu consegui meu primeiro trabalho em vendas na Swiss Colony. Eu me lembro disso como se fosse ontem: eu era uma daquelas garotas adolescentes vestidas com um pequeno vestido vermelho com pontos de bordados em volta do decote quadrado, e um pequeno avental preto em volta da minha cintura com um laço amarrado nas minhas costas. Eu usava meias brancas até os joelhos e sapatilhas preta. Eu ficava na frente da loja no Shopping Sunrise oferecendo amostras de queijo e carne para atrair clientes para a loja. Eu fui contratada junto com outras 29 garotas para a temporada de Natal. O dono da loja, um ex-treinador de futebol americano do ensino médio, nos ensinou um processo de venda em seis etapas. Eu decorei o treinamento de seis etapas e no final da temporada de férias eu era uma das três únicas vendedoras mantidas pela loja. Em seguida, eu apliquei esse processo de vendas em seis etapas em um segundo emprego de meio período, fazendo demonstração de loções faciais em grandes lojas de departamento. Eu estava tão empenhada em demonstrar e explicar os benefícios dos produtos para chamar a atenção de cada cliente, que atingi um sucesso imediato, e me tornei a principal vendedora da empresa apenas dois meses depois.

Embora eu tenha alcançado muito sucesso nos meus dois trabalhos de meio período, eu não estava satisfeita em ganhar um salário mínimo. Lembrei-me do que li naquele livro incrível sobre vendas para mulheres, que disse que eu poderia fazer muito dinheiro também. Consegui um emprego em venda de carros—Volkswagen e carros usados mais especificamente—como uma das únicas vendedoras de veículos em Sacramento, e certamente a mais jovem aos 18 anos de idade. Eu também fui treinada pela Volkswagen dos EUA e aprendi toda a tecnologia dos automóveis e como apresentar um veículo. Aprendi o método de lançar, bem como negociar e como fechar uma venda imediata. Aprendi bastante sobre o que fazer e o que não fazer para criar uma experiência de compra agradável para os clientes.

Eu fui conseguir meu bacharelado em Ciências Sociais com ênfase em Economia Política Internacional na Universidade da Califórnia, em Berkeley. Em Berkeley, eu também adquiri experiência na criação de materiais de marketing no Escritório de Educação Internacional da universidade, onde fui responsável por ajudar a criar materiais adicionais, cartazes, e folhetos para atrair candidatos a um programa de pós-graduação na Índia.

Quando me formei na faculdade, era a hora de conseguir um emprego. Cheguei em uma empresa que distribuía copiadoras e máquinas de fax da Canon. Depois de uma semana de formação SPIN (Situação, Problema, Implicações e Necessidades) na sede da Canon, ganhei um relógio de pulso pela melhor apresentação de uma máquina de fax a laser. Tornei-me uma de suas principais representantes de fax em todo país.

Durante minha carreira na Canon, minha mãe estava vendendo imóveis e indo muito bem sozinha. Ela me chamou para entrar em seus negócios com a promessa de dobrar a minha renda. Então eu consegui a minha licença de imóveis e revendi casas por dois anos, me tornando uma grande produtora da RE/MAX no meu primeiro ano. Mas, mesmo como agente de revenda, vendi principalmente casas novas. Naquele momento, decidi entrar para a venda de imóveis. Minha mãe me direcionou para a Beazer Homes, onde, após uma entrevista de duas horas com o presidente da divisão, eu sabia que a empresa era única para mim. Tomei a decisão ali e naquele momento, e fechei a vaga na hora da entrevista. Mais tarde naquele dia, eu fui enviada para ver

INTRODUÇÃO

algumas das comunidades locais e pedi para ficar com aquela em que o melhor vendedor seria meu parceiro.

E assim foi, fui trabalhar para a Beazer Homes. Na segunda-feira seguinte, eu fui enviada ao sul da Califórnia para o treinamento de personalidade de vendas BOLT (Bulls, Owls, Lambs, Tiger) da Charles Clarke. Fui nomeada Vendedora Revelação do Ano no meu primeiro ano no negócio de construção de casas, e ganhei o Melhor Vendedor do Ano pelos próximos três anos consecutivos. Então, ganhei o Prêmio de Prata Nacional para as regiões da Califórnia e Nevada e minha coleção de prêmios cresceu com o Prêmio Associação Nacional de Construção de Casas de Ouro na categoria de Melhor Vendedor do Ano.

Em toda a minha carreira de vendas, englobando vários setores, percebi que eu era puramente um produto de treinamento profissional. Do processo de venda em seis etapas que aprendi na Swiss Colony— ainda tenho as anotações que escrevi em um minúsculo bloco de notas—às minhas duras experiências no pátio de carros... do meu treinamento SPIN na Canon até o meu treinamento BOLT na Beazer... das palavras de Connie Siegel até as do Dr. Stephen Covey em seu livro *Os 7 Hábitos das Pessoas Altamente Eficazes*, o qual usei profundamente em minha carreira, sou uma vendedora treinada. Imprimi o "Como fazer" das vendas na estrutura da minha mente e do meu coração. Eles estão em minhas saudações e meus fechamentos. Eles estão na minha avaliação de necessidades e soluções oferecidas.

Os resultados mostram-se nos números das minhas vendas, minha renda e os prêmios que recebi. E eu escolhi pegar os resultados e criar um novo quadro para compartilhá-lo com os outros—para promover o Carma da minha própria carreira de sucesso na vida de outros, assim como a profunda sabedoria e sucesso dos mentores que me influenciaram.

Até hoje, tudo o que aprendi em vendas está tecido no quadro do meu sucesso, servindo de base para a minha mentalidade. E é exatamente esse quadro, e a mentalidade da qual ele depende, que quero compartilhar neste livro. Eu quero que saiba que você, leitor, pode confiar em mim para oferecer sólidos conselhos, baseados em sólidas experiências comprovadas pelos resultados. Isso não quer dizer que nunca perdi uma venda. Mas eu usei toda e qualquer perda como uma oportunidade de aprendizado, que parcialmente inclui o que eu compartilho com você aqui. Eu quero que você aprenda com a culminação da minha experiência, para que você possa se destacar em sua própria carreira, incluindo aprender com meus erros para evitar fazê-los você mesma.

As páginas seguintes contêm minhas melhores práticas e alguns dos hábitos e roteiros que foram a chave do meu sucesso—e elas serão a chave para o seu também. Então, nessa nota meus amigos, boas vendas. Que vocês sejam corretores excepcionais.

MENTALIDADE LUCRATIVA

"Nada pode deter o homem com a atitude mental correta para atingir o seu objetivo..."

– Thomas Jefferson

****

Atitude é Tudo

E a citação continua "...nada na terra pode ajudar o homem com a atitude mental errada". Uma verdade absoluta, quando se trata de sucesso na venda de imóveis, é que a atitude é tudo. Os pensamentos, sistemas de crenças, e paradigmas que você projeta no mundo ao seu redor—a maneira como você vê e percebe o cenário de vendas de imóveis—é o que estabelece as bases para o seu sucesso mais do que qualquer outro fator isolado.

Ao começar o seu negócio, primeiro você precisa saber dentro de si mesma, que tem a capacidade de afetar fortemente o mercado. Embora não o consiga controlar, pois há diversos fatores muito maiores do que você como indivíduo e, em última instância, muito além do seu alcance, você pode afetar o resultado e impedir que esses fatores se tornem obstáculos para o seu sucesso. Você deve conhecer e compreender sua capacidade de afetar o mercado—para poder aceitá-lo verdadeiramente como uma crença. Reconhecer a interconexão do universo permite que você seja lucrativa na venda de imóveis. Mas primeiro, você deve possuir a mentalidade apropriada.

Você Pode Ser, Fazer e Ter o que Quiser!

É em nosso estado de ser, como nos comportamos, o que fazemos, e as ações que tomamos que nos levam a ter tudo o que queremos. Então, tudo começa com as nossas atitudes. E às vezes precisamos nos comportar de maneira diferente da forma como agíamos no passado para alcançar os resultados desejados. Dependendo de como você é, existem comportamentos que você pode precisar adquirir, como: ousadia, assertividade, proatividade, compaixão, análise, responsabilidade, mérito, confiança, abertura e assim por diante. Então, quando você acredita que pode ser, fazer, e ter o que quiser, abrem-se as portas da realização e você pode acessar novos comportamentos nos quais pode se sentir desconfortável a princípio, mas deve continuar agindo diferente da forma que agia no passado, e assim conseguirá todas as coisas que deseja.

Seja Responsável Pelos Resultados

Uma vez que você saiba qual é o seu "porquê", é importante reconhecer como você é pessoalmente responsável pelos resultados em sua vida. Pergunte a si mesma se pode aceitar isso. Raramente somos vítimas das circunstâncias. Um bom exemplo foi a peneira esportiva de 1998, quando Peyton Manning e Ryan Leaf foram tidos como os dois melhores jogadores da temporada. Durante seus anos de principiantes, ambos tiveram temporadas horríveis, mas quando a mídia veio entrevistá-los sobre o assunto, os dois agiram de forma muito diferente um do outro.

Depois de um terrível terceiro tempo, onde completou apenas 1 dos 15 passes, Leaf xingou um repórter e depois teve um surto na frente da câmera. Depois de cinco jogos, ele havia feito nove interceptações— o segundo pior da NFL. Apenas Peyton Manning jogou melhor. Leaf continuou a cair, deixando de se apropriar de sua performance. E o que

Peyton Manning disse quando foi entrevistado? Ele admitiu que tomou uma série de decisões erradas. Ele assumiu a responsabilidade por suas próprias decisões. Ele se responsabilizou por seus próprios erros. Ele não deu desculpas. Ele não culpou os outros como Ryan Leaf. Ele admitiu seus erros. Ryan Leaf não joga mais futebol americano, e Peyton Manning é considerado o melhor *quarterback* da NFL hoje. E você, assume a responsabilidade pela sua parte no jogo?

Não é mais suficiente sentar e esperar que o marketing traga todo o tráfego. Tornou-se o trabalho e a responsabilidade da linha de frente fazer o possível, dentro da sua esfera de influência, para atrair negócios para a empresa. O que você pode fazer que é diferente do que já foi feito antes? O que você pode fazer de graça ou de forma relativamente barata? Esta é apenas uma das muitas áreas em que podemos assumir responsabilidade pelo nosso próprio sucesso, e criar os resultados desejados que queremos alcançar em nossas vidas.

Uma das coisas que realmente fez cair a minha ficha foi o conceito de "ser a causa" das nossas próprias experiências na vida. Observe que estou usando a palavra "a causa" e não a culpa. Digamos, por exemplo, que você teve uma interação negativa com um membro da sua família ou com um cliente. Em vez de afirmar que a outra pessoa fez alguma coisa ou está errada, volte esse espelho e reconheça que, no mínimo, você pode ter tido um papel de "causa" nessa situação. Seja sincera e honesta consigo mesma. De que maneira você afetou a outra pessoa? Lembre-se, estamos todos conectados. Somos todos um. De que maneira você foi a causa? Mais uma vez, isso não significa culpa. Você tem que assumir a responsabilidade por sua parte no jogo, você tem que reconhecer como suas escolhas afetam a sua vida. E é claro que você quer escolher com sabedoria. Você quer escolher resultados positivos.

Quando você realmente aceita esse conceito de ser responsável e reconhece como você é a causa da sua própria experiência, percebe que é extremamente fortalecedor. Durante a recessão, eu costumava receber e-mails da empresa, perguntando: *"Como você está fazendo isso? Percebi que os seus números de venda estão muito altos... o que você está fazendo para manter o ritmo?"* Porque minha equipe estava vendendo consistentemente, mesmo fora dos períodos promocionais. Eu costumava responder com a minha crença de que podemos afetar fortemente o mercado. Somos os fabricantes do mercado? Não, mas podemos afetá-lo fortemente.

Esse é o tamanho da força que acredito que você tem dentro de você. Com as escolhas certas, e as ações e decisões corretas, você trará de volta as vendas, os lucros, e clientes satisfeitos. Se é isso o que você emana, é exatamente isso o que deveria voltar. Portanto, responsabilize-se sempre—não pelo seu chefe ou sua empresa, não por sua família ou amigos, mas por si mesma—pelos resultados em sua vida. Afinal, os resultados são realmente a única maneira objetiva de medir a eficácia das pessoas, especialmente nos negócios.

Seja PROativa

Para apoiar a sua mentalidade lucrativa e perpetuar o bem-estar em seus negócios, a proatividade é a maior fonte de sustento. Ser uma PROfissional PROativa, significa fazer consistentemente o que precisa ser feito para manter os negócios funcionando na empresa, para que você possa fechar as vendas de maneira consistente.

Use o seu "R" e o seu "I"

Quando se trata de ser proativa, o seu "R" e o seu "I" são duas das melhores e mais úteis ferramentas que você tem a sua disposição: recursos e iniciativa. Você sabe quais recursos você possui, e você é a única portadora de sua própria iniciativa. Se você não está obtendo os resultados que precisa ou deseja, pergunte-se: *"O que posso fazer?*

Quem eu sei que pode me ajudar? Como posso fazer isso acontecer? O que mais posso fazer de diferente?".

Faça a si mesma essas perguntas regularmente, e use todos os seus recursos e sua iniciativa ao longo do ano para se destacar da concorrência. Por exemplo, pode haver certas épocas do ano, como as festas de final de ano, quando você descobre que o mercado—e sua concorrência—está desacelerando. Ao invés de concordar com o "período mais lento do ano", use a inatividade dos outros como um barômetro para aumentar a sua atividade. Intensifique seu jogo! As vendas podem acontecer na maioria dos dias do ano se você se comportar de maneira proativa e se preparar usando todos os recursos à sua disposição. Esforce-se para obter mais do que o seu "pedaço" da torta. Em vez de se contentar com o ritmo de estações mais lentas, seja proativa e empregue seus recursos e sua iniciativa para consistentemente trazer novos negócios, novas vendas, e o mais importante, fechar as vendas de maneira consistente. Consistência é a chave! E é a sua própria proatividade que faz você consistente.

Como o famoso treinador de futebol Lou Holtz disse: "Como você responde ao desafio no segundo tempo vai determinar o que você se tornará depois do jogo, se você é uma vencedora ou uma perdedora." Considere vender casas hoje como o segundo tempo do jogo, onde o primeiro semestre foi o *boom* imobiliário e você agora se encontra no mercado atual.

Como você escolhe reagir vai determinar se você vende ou não. Aqueles que são proativos reconhecem que a forma *como* reagem a qualquer condição do mercado ou a qualquer desafio é uma questão de escolha. Escolha ser uma vencedora. Fabrique os resultados que você deseja, para você, para o seu negócio. Ser uma PROfissional PROativa distanciá-la-á de toda a competição.

****

Regra de 100%

Como mencionei na introdução, depois que me formei no ensino médio e retornei do meu intercâmbio no Brasil, consegui meu primeiro emprego em vendas em uma empresa chamada Swiss Colony, vendendo uma variedade de queijos, carne e cestas de presente. Naquele primeiro trabalho com vendas, aprendi uma lição inestimável, a qual foi incorporada na minha mentalidade profissional para sempre. O dono da franquia tinha o que ele chamou de "Regra de 100%". A Regra de 100% é muito simples: faça o seu melhor trabalho 100% das vezes, com cada cliente, sempre, o tempo todo, sem falhas.

Aos 18 anos, escrevi esse decreto em um pequeno bloco de anotações. É algo que eu vivo até hoje e passo para os outros. Em todos os empreendimentos profissionais desde então, a Regra de 100% foi incutida em minha própria mentalidade. Trabalhar e viver a Regra de 100% me trouxe muito sucesso em vendas. A barra é 100%. É o padrão ao qual eu me agarro e ao qual passo aos outros. Como Madeline Bridges disse: "Dê o seu melhor e o melhor voltará para você".

****

Oportunidade Única

A Regra de 100% é uma declaração implícita do valor de cada cliente. Todo e qualquer cliente que chega ao seu estande de vendas é uma oportunidade única. Pense no que a ideia de uma oportunidade única significa. Significa que nenhum momento ou situação se repetirá de forma exatamente igual. Essa verdade fundamental se aplica aos clientes em potencial que chegam ao seu estande de vendas, e a todas as interações com eles. Cada interação com o cliente é uma oportunidade única. Portanto, você nunca deve apostar no "volte sempre".

É imperativo que você, como corretor de imóveis, saiba que nunca terá outra oportunidade de afetar a experiência de compra de uma pessoa. Você nunca sabe se vai ver ou ouvir um cliente novamente. Na verdade, os dados da indústria de construção civil apontam que apenas 10-15% dos visitantes retornam para um novo contato. Portanto, considere todas as interações como uma chance única. Mantenha essa mentalidade e você vai estar se comprometendo com você mesma para aproveitar ao máximo cada oportunidade com o cliente.

O PODER e o Valor de um Aperto de Mão

Parte do processo de aproveitar ao máximo cada oportunidade, é reconhecer o que um determinado cliente precisa ou deseja. Como explicado em *As Cinco Linguagens do Amor*, escrito pelo Dr. Gary Chapman, as pessoas entendem o amor—e não necessariamente amor romântico, mas amor no sentido humano—amor fraternal—quando expresso de cinco formas: afirmações, qualidade de tempo, receber presentes, atos de ajuda, ou toque físico. Embora cada uma dessas cinco linguagens seja potencialmente aplicável a qualquer indivíduo, é o toque físico que pode ser a menor forma de amor, e ao mesmo tempo, a que faz a maior diferença nas decisões de um cliente.

O toque físico desencadeia a liberação de endorfinas no cérebro, estimulando a confiança e o conforto de um indivíduo. Há uma troca de energia importante quando você aperta a mão de outra pessoa e, no entanto, normalmente apenas 25% dos corretores fazem isso. É uma maneira simples e direta de se conectar imediatamente com uma pessoa, de começar a construir um relacionamento com o cliente desde o início. É um eficiente quebra-gelo.

Ao iniciar seus cumprimentos com um aperto de mão caloroso, sincero e profissional, é mais provável que seus clientes fiquem abertos a compartilhar suas necessidades, vontades, desejos, e a atual situação em que se encontram que os leva a visitar o seu estande de vendas. Além disso, quando você tira um momento para estender e apertar a mão de um cliente, tem o benefício imediato de entender a personalidade dele. O aperto de mão de uma pessoa—o aperto, o movimento, e o tempo que leva—pode informar imediatamente o tipo de personalidade de alguém, e isso lhe dirá que tipo de comportamento você precisa adotar ao se relacionar e trabalhar com esse indivíduo.

Você não apenas se beneficia com a percepção do caráter de seu cliente, mas um aperto de mão também permite que o cliente se beneficie ao conhecê-lo. Você representa sua construtora e o valor e a qualidade que sua construtora tem a oferecer. Estender a mão demonstra seu profissionalismo e compaixão. É uma maneira simples de deixar os clientes à vontade, ao mesmo tempo em que estabelece um nível de transparência que lhes permite sentir que estão em boas mãos. Um aperto de mão também é uma ótima oportunidade para estabelecer contato visual, que é um dos componentes mais importantes da interação com o cliente. O contato visual é muitas vezes superestimado, mas muito mais subestimado como componente crítico para estabelecer um relacionamento significativo e confiável com uma pessoa.

É crucial lembrar que todo tipo de serviço de pré-venda ao cliente, indica também o tipo de construtora—sua qualidade e valor. Ao estender sua mão você se estabelece profissionalmente, seus imóveis, e sua empresa, como as melhores do mercado.

Um Inigualável Atendimento ao Cliente

Ter uma mentalidade centrada no cliente não é apenas diferenciar-se da concorrência, sendo o melhor que você pode ser através de suas palavras e ações. Significa apresentar um atendimento inigualável para todos os indivíduos que passem por suas portas. Faça da sua missão criar a melhor experiência de compra para seus clientes.

Como Corretor de Imóveis profissional, você tem o poder de estabelecer o contexto. Você também tem a oportunidade e a responsabilidade de guiar a experiência do cliente em uma direção presunçosamente positiva. Como linha de frente da construtora, é você quem define o tom, e quem ajuda o cliente a ter uma experiência positiva. E uma experiência positiva é tudo o que você precisa para transformar uma visita ao estande em uma nova venda. Quem disse que comprar uma casa é uma das experiências mais estressantes da vida, estava enganado. A questão é quais ações você pode tomar a partir de agora para melhorar a experiência do cliente?

Seja Receptiva

Você só precisa de: um comprador, e uma venda para fazer a diferença no seu negócio. É por isso que sua mente deve estar aberta a todos os pretendentes que passem por suas portas. Trate cada cliente como se ele fosse o único. Deixe de lado o julgamento e os estereótipos, e aborde cada pessoa com igualdade de oportunidades. No livro de Malcolm Gladwell, *Blink: A Descisão Num Piscar de Olhos*, ele explora a ideia de "fatiar fino", que descreve como todos nós fazemos julgamentos precipitados sobre os outros. Em venda de imóveis, é importante manter a mentalidade aberta a cada pessoa como um cliente em potencial.

Quando alguém passa pelas portas do seu estande de vendas, reflita cuidadosamente sobre seu processo de pensamento imediato. Pergunte a si mesma se você está avaliando o indivíduo com base em seus aspectos físicos ou materiais. Suas perguntas iniciais se concentram em qualificar ou desqualificar seus clientes em potencial? Em vez de optar por um dos lados, simplesmente esteja aberta ao indivíduo. Suponha que cada pessoa que você encontra no seu estande queira comprar uma casa. Procure maneiras e razões em que eles podem, e vão comprar... hoje.

Pense, em primeiro lugar e acima de tudo, que cada pessoa precisa de um lar para viver. Segundo, independentemente do poder de compra do momento, qualquer um pode se qualificar para comprar no futuro. Você nunca sabe, até se aprofundar nos detalhes—até que você faça as perguntas difíceis e ouse cavar—se você tem o que o cliente precisa ou não. Procure saber como você pode ajudá-los, em vez de saber se eles estão propensos e capacitados. Eles estão propensos devido o conjunto das circunstâncias. Eles são capazes de uma forma ou de outra. Você precisa encontrar e/ou criar o cenário de circunstâncias. Você precisa mostrar a eles o caminho.

Acredite que os Clientes Podem, e Vão COMPRAR na PRIMEIRA Visita

Se você fornecer um atendimento inigualável ao cliente, definir o contexto para uma experiência fenomenal de compra da casa, e reconhecer o valor de cada cliente, poderá descobrir que os clientes podem, querem e compram em sua primeira visita—muito mais do que você pode esperar. Tome um minuto para perceber suas próprias reações a esse paradigma. Você acredita que as pessoas podem, querem e compram na primeira visita? Ou você está alimentando todas as razões de como e por que elas não podem?

Observe se você está focando nos obstáculos para a realização da venda, agora. Você está disposta a ajustar seu estado de espírito e considerar seriamente como e por que as pessoas gostariam de progredir imediatamente? Se você puder encontrar o desejo e o caminho para as pessoas comprarem imediatamente, aplique essa expectativa à sua mentalidade e reconheça que sua responsabilidade é desvendar e expandir os motivos de um cliente para comprar, ali mesmo, naquele momento, naquele dia. Assim como você tem diferentes razões para vender uma casa em um dia, cada cliente tem diferentes razões para olhar e comprar uma casa em um dia. Sempre se dirija para a venda de hoje. Você nunca sabe quais oportunidades únicas podem se apresentar. Você encontrará clientes que dizem *"SIM!"* na mesma hora.

Aja com Urgência

Como profissional de vendas, aprendi o valor de vender para as pessoas da maneira que elas querem e precisam que seja vendido quando, um dia, fui desafiada a vender um botão para um estranho na rua. Minha única orientação era a de que eu não podia vender o botão na rua principal. Eu tinha recentemente escrito um livro, então eu decidi tentar encontrar uma livraria onde eu poderia falar com o gerente sobre o meu livro e, mudando de assunto nessa conversa, pedir a ele ou ela para comprar o meu botão.

Caminhei alguns quarteirões e perguntei a um casal onde ficava a livraria mais próxima. Nós começamos a conversar e eu fiz perguntas sobre de onde eles eram, e o que eles estavam fazendo na cidade, e eu expliquei a eles que eu estava tentando encontrar uma livraria para vender o meu botão. Perguntei se estavam interessados, e eles perguntaram quanto era. Eu perguntei: "O que vocês me dariam?" E eles responderam que pagariam cinco dólares, então eu vendi o botão ali mesmo. O problema foi que eu havia quebrado a regra, e vendido na rua principal.

No dia seguinte, fui encarregada de vender outro botão, só que desta vez eu tinha de fazê-lo em 15 minutos. Eu vi um cara andando rapidamente pela rua, então conversei com ele e perguntei se ele gostaria de comprar o meu botão, ao que ele respondeu que não teria dinheiro. Ele disse que estava a caminho de um caixa eletrônico e voltaria. Eu disse a ele que tinha uma quantidade limitada de tempo e perguntei se ele voltaria em dez minutos. Nesse momento, ele disse que eu deveria encontrar outro cliente.

Então eu vi uma mulher descarregar apressadamente uma van. Eu me aproximei dela e perguntei se poderia ajudar, ao que ela disse sim porque estava atrasada. Eu disse "Ótimo, vamos nessa!", e imediatamente comecei a ajudá-la a descarregar a sua van. Quando terminamos, expliquei a minha situação e perguntei: "Você gostaria de comprar o meu botão?", ao que ela respondeu perguntando quanto eu queria. Ao invés de perguntar: "Quanto você pagaria por ele?", como fizera no dia anterior, perguntei: "Qual é o valor máximo que você daria?", "Vinte dólares" exclamou ela. Eu vendi meu botão por mais do que no dia anterior e voltei a tempo.

As duas lições valiosas que essa experiência me ensinou foram: ajudar as pessoas da maneira como elas querem ser ajudadas, assim você vai atingir bem forte no motivo para elas comprarem hoje. E essa urgência, tem tudo a ver com o processo de compra e venda.

Esteja Comprometida

O último aspecto do cultivo de uma mentalidade lucrativa é um forte e contínuo compromisso com a educação e o desenvolvimento pessoal. Esteja sempre atenta as oportunidades para aprender e crescer. Participe de seminários, faça aulas, leia e ouça audiolivros—faça o que for melhor para você crescer, manter-se empolgada, e em uma mentalidade voltada para as vendas.

O desenvolvimento pessoal pode ser fundamental para descobrir as crenças e os preconceitos que impedem que você realize o que realmente deseja. No geral, os grandes resultados vêm do compromisso de combinar técnicas eficazes com a superação de paradigmas que te impedem de alcançar o que você diz querer. Assim, o seu relacionamento com seus amigos, familiares, colegas de trabalho, gerentes e clientes melhorará. Quanto mais você se tornar uma pessoa melhor, mais você se tornará uma *vendedora* melhor.

Recapitulando

• Quando se trata de ser uma pessoa lucrativa nesse negócio, sua atitude é tudo. Adote uma postura positiva e use seus recursos e iniciativa como uma PROfissional PROativa.

• Lembre-se da Regra de 100%: Dê 100% do seu melhor trabalho com cada cliente, sempre, toda a vez, sem falhar.

• Seja receptiva com todo cliente que entra no seu estande de vendas, e considere cada um como uma oportunidade de venda única e viável. Ofereça toda vez um atendimento inigualável, e sempre procure fechar a venda no primeiro dia.

• Crie o hábito de dar continuidade com a sua educação e desenvolvimento pessoal. Isso fará de você uma pessoa melhor e uma vendedora ainda melhor.

Questões Fundamentais

• "O que posso fazer?"
• "O que mais posso fazer com o que eu tenho?"
• "Quais recursos estão disponíveis para mim?"
• "Quem eu conheço que pode me ajudar?"
• "Como posso fazer isso acontecer?"

ENCONTRANDO O SEU PORQUÊ

"Aquele que tem um porquê para viver, pode enfrentar quase todos os 'como'."

— Friedrich Nietzsche

"Nosso maior medo não é o de sermos incapazes. Nosso maior medo é descobrir que somos muito mais poderosos do que pensamos."

— Marianne Williamson

****

Quando trabalhei como a principal corretora em uma empresa, lembro-me de uma época em que o vice-presidente de vendas pediu a todos os corretores que enviassem suas metas do ano. O número que escrevi foi de US$ 200.000. Depois disso, eu me arrependi de ter enviado esse valor. Eu me arrependi porque segurei o valor que realmente queria ganhar. O que eu sinceramente tinha em mente era US$ 300.000 naquele ano. Mas eu estava com medo de admitir isso ao meu chefe. Eu menti porque temia que ele pensasse que eu estava sendo muito gananciosa. Eu também estava com medo de que os outros corretores se ressentissem por eu ter sido designada para vender nas melhores comunidades. Eu temia que eles reclamassem para o chefe e que eu fosse transferida para uma comunidade diferente e menos agradável. Então, infelizmente, eu apresentei uma meta mais modesta.

Não muito tempo depois, participei de um evento de treinamento em vendas na empresa. Enquanto estava lá, eu não conseguia largar a *sensação de que eu tinha me vendido barato. Então, eu compartilhei com a instrutora como eu me sentia, e a verdade sobre a minha meta de*

US$ 300.000. E ela me incentivou a manter o maior valor. Naquele ano acabei ganhando mais de US$ 330.000! Me vender barato foi um dos maiores erros que cometi como uma das principais corretoras. Em vez de acreditar em meu próprio objetivo, concentrei-me no possível julgamento dos outros. Eu me diminuí porque temia o que os outros pudessem pensar. Isso é um erro! Mas a boa notícia é que você tem a oportunidade de aprender com meus erros. E a conclusão: Abrace sua grandeza! Vá em direção ao que você realmente quer! E se envolva com aqueles que pensam GRANDE como você, e que a apoiam em suas ambições!

****

Motivação de Vendas: Encontre o Seu Porquê

Uma das chaves para uma mentalidade de sucesso como profissional de vendas de imóveis, é identificar o que a motiva pessoalmente. Suas aspirações provavelmente serão diferentes das metas de vendas da sua empresa. Então, pergunte a si mesma: *"Quanto dinheiro eu quero fazer?"*, e depois reflita para identificar o porquê. Encontrar o seu *"porquê"* é a maneira mais eficaz de se manter motivada. Você deve ser completamente clara sobre o porquê de você estar fazendo o que está fazendo. Você deve se perguntar o que a está levando a fazer a venda hoje.

O que eu descobri é que a maioria das pessoas estão realmente motivadas por suas próprias razões, e não necessariamente pelas razões das construtoras. Cada pessoa na linha de frente é motivada por aquilo que está dentro delas—ou, o seu "porquê"—e isso vem com uma miríade de razões. A chave é deixar muito claro o que a está guiando, porque o que você faz na vida afeta por anos o mundo e as pessoas que deixa para trás. A visão do seu propósito, seu porquê, é o que potencializa seus objetivos e dá sentido às suas realizações. Como Paulo Coelho afirmou: *"Uma vida sem uma causa, é uma vida sem efeito"*. Sempre saiba que o poder de escolher e alcançar o resultado desejado, é seu. Que efeito você quer deixar?

Os Quatro Passos para Realizar Suas Metas

Existem quatro passos importantes que você deve executar para realizar seus objetivos: Esclarecer, Anotar, Visualizar e Agir. Cada etapa é um marco da jornada rumo aos seus objetivos, que ajudam você a ganhar e a manter o ritmo em direção ao que deseja.

Querer vs. Gostaria

Uma ótima maneira de começar a encontrar o seu porquê—e alcançar seus sonhos—é determinar se sua motivação depende de algo que você realmente *quer*, ou algo que você simplesmente *gostaria*. O que você quer, é aquilo em que está disposta a fazer qualquer coisa para conseguir. Esta é uma distinção crítica na definição de seus objetivos, porque seus *desejos* a levarão inestimavelmente mais longe em seu sucesso do que aquilo que você *gostaria* que levasse. Não aceite um objetivo se você não estiver realmente disposta a fazer o que for necessário para alcançá-lo. Às vezes, vai exigir que você saia da sua zona de conforto e se comporte de maneira diferente.

1º Passo: Esclarecer

Antes que você possa empreender qualquer ação, é imperativo que você seja clara consigo mesma sobre o que realmente quer. O que é isso em que você está arriscando? Uma casa nas montanhas, ou um carro novo esportivo? Para sair das dívidas, ou se preparar para a aposentadoria? Para alimentar a sua família, ou pagar a mensalidade da faculdade de seus filhos? Para pagar sua hipoteca, ou viajar? Ou você quer ajudar mais na igreja e fazer doações para as suas causas favoritas? Neste momento, reserve um tempo para pensar e fazer a distinção entre o que você *quer* e o que você *gostaria*. Por exemplo, se alguém lhe deu bilhetes de loteria no seu aniversário, você poderia ganhar na loteria. Poderia ser um lucro inesperado e agradável, no qual você não precisou trabalhar. Mas, a menos que esteja comprando bilhetes de loteria, isso provavelmente não é o que você realmente quer.

A principal diferença entre os dois é que um *"gostaria"*, é uma questão de conveniência ou um privilégio, enquanto um *"querer"* é algo para o qual você está disposto a fazer o que for preciso para conseguir! É aqui que reside a sua "força de vontade". A questão é: o que você está disposta a fazer?

Uma Verdade para Você

Ninguém mais pode te dar a resposta para o seu *porquê*. Ser fiel a si mesma, sobre seus desejos e gostos fará toda a diferença em sua capacidade de alcançá-los. Pergunte a si mesma: *"Isso é algo que eu quero para mim mesma ou é o que alguém quer para mim?"*. Às vezes, é útil fazer perguntas reflexivas como: *"Estou sendo a pessoa que quero ser? Estou fazendo as coisas que quero fazer? Eu tenho as coisas que quero ter?"*. Entender se você está agindo por conta própria, ou por obrigação com outra pessoa é algo importante a discernir quando se trata do seu porquê. Saiba quais são suas escolhas—suas próprias escolhas de vida. Antes que você possa encontrar sucesso em vendas, você tem que deixar claro o que você quer para si mesma e por que você quer isso. Só então você estará internamente motivada a fazer o necessário para conseguir vendas suficientes para alcançar o que deseja. Uma vez que você esclareça suas intenções, os métodos para alcançar seus objetivos se tornarão aparentes.

Objetivos S.M.A.R.T.

Estabelecer metas usando os pilares S.M.A.R.T. é uma ótima maneira de garantir que seus objetivos reflitam verdadeiramente suas aspirações e habilidades. Embora o mnemônico tenha sido adaptado ao longo do tempo, o termo serve como um guia para o desenvolvimento de critérios pelos quais podemos estabelecer metas. Cada termo significa um ponto a se considerar ao definir e delinear seus objetivos. O **S** significa *eSpecífico*, o **M** é para *Mensurável*, o **A** para *Atingível*, o **R** para *aRriscado,* e o **T** para *Tempo*.

Específico: Ser específico sobre o seu objetivo é importante porque a orienta em uma direção distinta, com um foco claro. Seja ganhando mais do que você ganhou no ano passado, por exemplo, ou qualquer outra coisa, estabeleça especificamente o que você deseja alcançar. Isso permitirá que você acompanhe e conheça melhor seu próprio progresso.

Mensurável: Uma parte do acompanhamento do seu progresso em direção a uma meta, é tornar essa meta mensurável. Em vez de apenas dizer *"quero ganhar mais este ano"*, expresse-se em termos mais bem definidos. Pegue a direção específica que você estabeleceu no pilar anterior, e coloque um valor em reais: *"Eu quero fazer mais R$ 50 mil esse ano do que no ano passado, para ter um total de R$ 200 mil"*. Você tem que declarar explicitamente a direção que está trabalhando.

Atingível: É importante pensar grande, mas nunca se dê uma meta que não seja possível de ser atingida na realidade. Por exemplo, não estabeleça um faturamento de R$ 300.000 este ano, se na mesma comunidade, você ganhou R$ 60.000 no ano passado; ou, não afirme que você venderá 300 casas este ano se sua empresa construiu apenas 60 no ano passado. Faça um balanço dos precedentes e oportunidades futuras para criar metas que poderão ser alcançadas—se você se esforçar!

Arriscado: Embora seus objetivos devam ser atingíveis, eles também devem fazer você se arriscar. Não se limite a metas pequenas ou fáceis demais. Desafie-se a fazer mais do que você fez no passado. Ao pensar em como você deseja definir sua meta, reflita sobre o seu potencial máximo. Pergunte a si mesma se suas metas estão levando você a realizar o seu potencial como pessoa e profissional.

Tempo: Você sempre vai querer definir um cronograma para seus objetivos. O cronograma serve como uma estrutura para todos os outros componentes, como: permitindo que você seja mais específica, fornecendo uma maneira adicional de garantir que seus objetivos sejam mensuráveis, dando contexto para o que é atingível, e antecipando o como sua meta é arriscada. Definir cronogramas para suas metas cria um meio de acessar seu progresso futuro.

2º Passo: Anote-o

Depois de esclarecer o que você *quer*, anote-o. Escreva-o em um lugar onde possa conferi-lo, e onde ele servirá como um lembrete para você em todos os momentos. Não apenas anote seus objetivos para o que você quer, mas anote os outros aspectos que você descobriu—suas motivações para desejá-lo, como ele se enquadra no padrão S.M.A.R.T., e o que será necessário para obtê-lo.[*]

Quando você escreve seus objetivos, na verdade está fazendo uma declaração aberta e reivindicando aquilo para si. Use isso como uma oportunidade para explorar novamente o seu *porquê*. Como Friedrich Nietzsche disse: "Aquele que tem um *porquê* para viver, pode enfrentar quase todos os *como*".

---

[*] Se você quiser falar sobre os seus objetivos, ou se quiser uma planilha gratuita para te ajudar a organizar seus desejos, por favor, me ligue ou mande mensagem no +1 (916) 768-5525.

Para muitas pessoas, o dinheiro—e, mais importante, o que o dinheiro pode comprar—é a força motriz. Talvez você queira ser livre de dívidas, ser capaz de fazer o que quiser na vida e ter paz de espírito. Talvez você queira comprar uma casa nova ou pagar aquela que você hipotecou atualmente. Ou talvez você queira viajar e aproveitar os luxos da vida enquanto ainda é jovem o suficiente para apreciá-los. Você pode querer comprar um carro pelo qual sempre ansiou ou se dar alguma outra recompensa pessoal. Ou você pode simplesmente querer passar mais tempo com sua família—e ajudá-la mais, dispondo dos recursos financeiros necessários para pagar as mensalidades da faculdade ou outras necessidades. No final das contas, talvez você só queira se aposentar, com a certeza de que possui ativos acessíveis que lhe permitirão viver confortavelmente nessa aposentadoria.

Outra força motriz por trás das metas das pessoas, é o reconhecimento. Você pode apenas querer ser reconhecida pelo seu trabalho árduo, e contribuição para a sua indústria e para a comunidade. Talvez você tenha uma visão de si mesma e de como será sua vida, e transformar essa visão em realidade seja a sua motivação. Ou talvez você não seja motivada pelo reconhecimento, mas sim pela capacidade de retribuir em sua comunidade ou indústria. Seu objetivo pode ser doar ou apoiar diferentes causas, seja uma igreja ou uma instituição de caridade relacionada à indústria da construção civil, como a HomeAid ou a Casa Ronald McDonald. Seu objetivo poderia ser simplesmente ajudar os que são menos afortunados, ou sub-representados, ou necessitados de alguma forma. Todos esses motivos são dignos, e só você pode dizer o que é mais importante. O motivo é onde você encontrará a emoção por trás de sua razão. Alcance o seu "*porquê*". Se você tem uma razão para alcançar um objetivo, encontre uma maneira de fazê-lo e certamente terá o efeito no mundo que deseja ter.

Quando você encontrar o seu motivo, anote-o e coloque uma quantia em reais ou outro valor para ele. Torne-o mensurável. Lembre-se de não descontar ou reduzir o número que você realmente deseja. O primeiro pensamento que vier a sua mente é a melhor ideia. Não se preocupe com o julgamento dos outros. Você não é gananciosa por querer mais para si. Pegue esse primeiro pensamento e junte com o seu cronograma, criando algo atingível, e arriscando-se o suficiente para impulsionar o seu potencial. Anote e leia-o regularmente para que ele esteja em sua mente todos os dias.

3º Passo: Visualize

Além de anotar os seus objetivos, mantenha-os em um local que seja regularmente visto por você. Parte da definição de um objetivo, e o motivo para alcançá-lo, é visualizar o seu resultado final. Em seu livro referência, *Os 7 Hábitos das Pessoas Altamente Eficazes*, o Dr. Stephen Covey lista como seu segundo hábito: "Comece com o objetivo em mente". Então, comece a sua busca com o que você quer em mente. Como será o final, sinta como se, aja como se; o que isso vai permitir; o que isso significará para você?

A visualização do que você quer não precisa se limitar apenas em ler uma lista e ver os resultados em sua mente. Considere também criar um quadro de visualização e usar figuras para ilustrar o que você deseja.

Ao fazer isso, sempre deixe espaço para o universo fornecer mais e melhor do que o esperado. Quando você imagina seus objetivos, tente não colocar limites ao redor deles. Se o seu objetivo é fazer R$ 100.000, diga a si mesma: "*Eu quero fazer R$ 100 mil **ou mais** esse ano*". Além do trabalho duro que você coloca em cada dia para atingir seus objetivos, cultive uma mentalidade abundante, que está aberta e pronta para receber. Esteja aberta para alcançar mais do que você inicialmente desejou.

Paulo Coelho, autor de *O Alquimista*, usa a expressão "Quando uma pessoa realmente deseja algo, todo o universo conspira para ajudar essa pessoa a realizar seu sonho". Volte para o que você realmente quer, e como você vai conseguir. Como acontece com qualquer meta ou sonho, haverá obstáculos para ter certeza—o universo irá inevitavelmente testá-la e desafiá-la para ver se você está em busca de algo que você simplesmente gostaria ou de algo que você realmente quer. O universo testará sua determinação para ver se você está realmente disposta a fazer o que for preciso para alcançar seu objetivo. No final, a maneira como você alcança os resultados desejados na vida, não necessariamente pode acontecer da maneira que você previu. É por isso que deve permanecer sempre aberta ao universo que a sustenta. Fique atenta às oportunidades que a ajudarão a seguir em frente.

4º Passo: Aja Agora

A etapa final—depois de esclarecer, anotar e visualizar suas ideias—é agir de acordo com elas. Acreditando que receberá do universo o que emitiu, saiba que é você a responsável pelos resultados que tem na vida. Pergunte a si mesma o que você pode fazer para atrair negócios, e agir imediatamente? O que pode fazer para que as vendas aconteçam? Faça seu melhor com todas as pessoas que passarem pelo seu estande de vendas, e seja proativa sobre como será o resultado final.

Não fique muito envolvida em traçar um plano ou determinar exatamente como você atingirá seu objetivo, mas esteja preparada para agir imediatamente. Ideias virão até você, desde que esteja absolutamente claro o que você quer e porquê. Pratique a consciência. Ideias podem aparecer em sua mente a qualquer momento. Esteja preparada para receber essas ideias e agir.

Um aspecto importante em ser capaz de agir é proteger-se contra a negatividade. Não participe de informações, práticas ou parcerias que possam depreciá-la ou desestimulá-la de alguma forma.

****

Em 2007, voltei para a indústria imobiliária depois de tirar uma folga de quase cinco anos durante o boom, para começar uma família. Meus corretores se queixavam para mim: "Ah, não é a mesma coisa. É tão difícil lá fora". Depois de nossas primeiras reuniões de vendas, eu me senti exausta, derrubada sob o peso de toda a negatividade. Por fim, decidi que não conseguiria—e não iria—mais ouvi-los. Percebi que quando as pessoas projetam energia e atitude negativa, isso afeta os outros ao seu redor. Na reunião de vendas seguinte, eu disse à minha equipe: "Sem mais negatividade em nossas reuniões". A partir daí, nossas discussões e trocas de informações foram apenas positivas por natureza. Isso fez um mundo de diferença no espírito de todos nós.

Seus objetivos são só seus. Honre e proteja o seu espaço pessoal de qualquer coisa que possa afetar negativamente os sonhos que constrói dentro de você.

Nas palavras do Dr. Robert Schuller, *"Você pode ir a qualquer lugar de onde estiver—se estiver disposto a sonhar grande e trabalhar duro"*. Ao conceber seus objetivos, cumprir suas metas e então alcançá-las, não se esqueça de ter uma visão de longo prazo de sua carreira, atualizando seus objetivos a medida em que avança. Consulte suas metas anotadas e avalie como você está indo. Você está no caminho certo, ou precisa fazer ajustes para se atualizar? Você está um pouco adiantada no seu jogo e quer considerar aumentar as suas metas? Nunca se esqueça de sonhar alto e trabalhar duro—e também de fazer o planejamento S.M.A.R.T. Começa com você, e com o que está em sua cabeça e em seu coração. Tudo que você precisa fazer é começar.

Recapitulando

• Não se venda barato. Mantenha-se no caminho dos seus sonhos.

• Encontre o seu *porquê*. Esse é o meio para o fim, qualquer que ele seja para *você*. Lembre-se da diferença entre *querer* e *gostaria*.

• Quando se trata da sua motivação interna e suas metas de vendas, use o princípio S.M.A.R.T.—assegure-se de que suas metas são específicas, mensuráveis, atingíveis, arriscadas, e que tenham um cronograma anexado.

• Depois de esclarecer os seus objetivos S.M.A.R.T., siga os três passos restantes: Anote, Visualize e Aja. Crie um quadro de visualização das suas metas e deixe as imagens trabalharem em você.

• Atualize os seus objetivos de modo a não perder de vista o seu progresso, e para te encorajar a seguir em direção ao sucesso.

Questões Fundamentais

• "Quanto dinheiro eu quero fazer?"
• "O que eu quero contra o que eu gostaria? Qual é o meu porquê?"
• "Isso é algo que eu quero pra mim ou é o que outra pessoa quer pra mim?"
• "Estou sendo a pessoa que quero ser? Estou fazendo as coisas que quero fazer? Eu tenho as coisas que quero ter?"
• "O que eu posso fazer para as vendas acontecerem?"
• "Estou acompanhando meus objetivos S.M.A.R.T.?"
• "Estou disposta a fazer o que for preciso?"

ATRAINDO O NEGÓCIO

"Se deres um peixe a um homem faminto, vais alimentá-lo por um dia. Se o ensinares a pescar, vais alimentá-lo por toda a vida".
— Lao Tzu

****

Em um sábado, no meio do dia, eu estava em uma ligação de treinamento com uma mulher que estava querendo minha ajuda com o seu negócio. Naquele momento, noto que estamos no telefone há cerca de 90 minutos e percebo que não fomos interrompidas nem uma vez por seus clientes. Para aquela hora do dia, e aquele dia da semana, isso me indicava um problema. Eu comentei a minha observação e ela confirmou que ninguém havia entrado.

Foi então que decidi que precisávamos mudar o foco de nossa conversa para não sermos vítimas de negócios lentos, e ao invés disso, identificar o que estava dentro de sua esfera de influência para atrair novos negócios para a empresa. Ela logo percebeu que não ajuda em nada reclamar sobre os negócios, marketing ou qualquer outra coisa. Ela era a única que podia se tornar imparável. E ela poderia ser imparável adotando uma mentalidade lucrativa.

****

Intensificando a Sua Jogada

No atual cenário de venda de imóveis, não é mais suficiente ficar em nossos estandes de vendas e esperar que o marketing nos traga tráfego. As regras do jogo mudaram. A questão é, se você está ou não mudando e crescendo junto com o mercado. É hora de intensificar a sua jogada!

Existe um estado de espírito que é indispensável para o atual profissional de marketing e vendas, que busca trazer negócios para a sua empresa. Requer um trabalho árduo e aprendizado contínuo dentro de um mercado que está mudando constantemente. Como em qualquer ciclo de negócios de oferta e demanda, as condições se expandem e se contraem. Encontrar sucesso não é apenas estabelecer metas, mas também encontrar formas inovadoras de atingir esses objetivos.

Uma abordagem responsiva, significa escolher sua resposta para o mercado atual—fazendo mudanças em você como corretora profissional, e tornando o mercado um lugar melhor. Intensificar o seu jogo é fazer mais com menos, e enfatizar o que *você* pode fazer para afetar o crescimento dentro do seu negócio. Trata-se de gerar seus próprios leads e tráfego. Trata-se de assumir a responsabilidade pelos seus esforços e resultados, independentemente de como está o mercado.

Por isso é importante sair e fazer negócios além da mesa em seu escritório de corretagem. Seus computadores não farão as vendas para você. Você tem que sair, e encontrar as pessoas ao vivo. Nas palavras de Goethe: "Se você pensa que pode ou sonha que pode, comece. A ousadia tem genialidade, poder e magia em si".

As Melhores Práticas

Uma maneira precisa de intensificar a sua jogada e atrair novos negócios, é obedecer a duas das melhores práticas que visam maximizar sua exposição aos clientes, e envolver novos compradores de maneira demonstrativa e pessoal. Cada uma dessas práticas ajudará a gerar tráfego para suas comunidades com pouco ou nenhum custo, permitindo efetivamente, que você faça mais negócios sem sobrecarregar seu tempo ou recursos.

#1: Realizando Apresentações

Uma das coisas mais eficazes que você pode fazer quando se trata de atrair negócios para a sua empresa, é realizar apresentações ao vivo. A primeira parte é escolher onde conduzir suas apresentações. No começo, é sempre mais fácil ir até as outras pessoas do que desafiá-las a vir até você. Quase sempre você encontrará uma forma de apresentação mais eficaz, e uma audiência mais responsiva, se você se colocar no lugar deles.

Imobiliárias são locais criticamente importantes para a venda de novas casas. Afinal, é onde corretores de imóveis apresentam o negócio pronto através de seus relacionamentos com os potenciais compradores. Eles conhecem os mercados, conhecem as necessidades e desejos de seus clientes e são eles que identificam as opções para unir essas duas entidades. Ao apresentar em imobiliárias, você se coloca na vanguarda da mente dos corretores de imóveis. Isso gera um grande potencial para as informações que você compartilha com os corretores, para serem em seguida, compartilhadas com seus clientes.

Mas, os escritórios imobiliários também são óbvios—em certo sentido. Provavelmente você já paga corretores que trazem seus clientes para a sua comunidade. Há um relacionamento firme e recíproco que não leva necessariamente a *novas e inexploradas* oportunidades de negócios e relacionamentos. A solução: leve suas apresentações para lugares inesperados. Nas palavras de Ovídio: *"Deixe seu anzol sempre lançado; no riacho onde menos esperar, haverá peixes"*. Existem inúmeros locais com plateias prontas e dispostas a receber seu tempo e atenção, clubes como Rotary e o Toastmasters

Brasil; concessionárias de automóveis que têm reuniões semanais; fornecedores, lojas, e outros afiliados da indústria cujos produtos são usados em seus imóveis; a câmara de comércio do seu país e muito mais. É provável que essas organizações estejam dispostas a permitir que você faça uma apresentação educacional—tudo o que você precisa fazer é perguntar.

Além de apresentações presenciais ao vivo, você também deve se apresentar na internet. Numa época em que o mundo está mais interligado do que nunca, tire proveito dessa conexão. Assim como na busca de oportunidades em locais inesperados, uma presença on-line pode estender seu alcance a públicos-alvo adicionais. Hoje em dia, muitas pessoas desfrutam do conforto de poder fazer quase tudo em suas casas. Estruturar suas apresentações em webinários, permite que você alcance pessoas sem pedir que elas venham até você, ou que você precise ir até elas. Ele também permite que você crie uma série de apresentações adaptadas para diferentes tópicos, que atendam a diferentes públicos—por exemplo: as facilidades em sua comunidade; a localização e proximidade da sua comunidade de escolas, centros comerciais e de entretenimento; as plantas e características das casas; ou programas de empréstimos para a compra de novos imóveis. Ao acessar espaços digitais e físicos, você pode enviar informações que certamente lhe trarão mais negócios. Onde você conduz uma apresentação, porém, é apenas a primeira metade da equação. A segunda é *como* você conduz uma apresentação.

Pergunte a si mesma como é realmente, uma ótima apresentação ao vivo. A maioria dos corretores de imóveis vendem com uma abordagem convencional—ocasionalmente visitam imobiliárias com uma pilha de panfletos, talvez trazendo algumas guloseimas para o escritório ou a promessa de um brinde. Provavelmente, o típico corretor fará um discurso rápido sobre sua comunidade, distribuirá alguns panfletos e, em seguida, irá embora. Mas isso é realmente impressionante? É poderoso, ou afetivo, ou influente? Faz alguma coisa para apresentar o valor e a qualidade de suas casas e construtora?

****

Quando trabalhei para a Beazer Homes, uma das 10 maiores construtoras residenciais dos EUA, eu montei uma equipe de três pessoas—normalmente incluindo a mim mesma, o gerente de informações de novos imóveis e um dos corretores—e nos aventurávamos nos escritórios imobiliários que cercavam a nossa comunidade e qualquer outro local que diria "Sim" a uma apresentação. Vestíamos a camisa da nossa empresa—uma pólo vermelha ou uma camisa branca mais formal, com o logotipo da empresa—e calças ou saias pretas, e aparecíamos com uma aparência impecável, em sincronia e cheia de energia. Cada membro da equipe aproveitava a oportunidade para se apresentar e oferecia uma palestra sucinta sobre o nosso ABC, área, construtora e comunidade.

O que diferenciou nossas apresentações de todas as outras foi o fato de trazermos itens de exibição de produtos usados em nossos imóveis. Usando esses itens de exibição, nós demonstrávamos suas características para melhor ilustrar seus benefícios. Levávamos uma caixa de exibição com uma bomba de encanamento da Zurn, que tínhamos em nossos imóveis, para mostrar como ela cria uma corrente, que é uma válvula direta para cada equipamento hidráulico e sanitário da casa. A válvula direta reduz o tempo necessário para receber água quente em cada um dos equipamentos. Além disso, permite que você desligue a água de determinado material hidráulico, ao invés de desligar na casa toda. Também levamos nossa caixa de manta térmica da LP Techshield, para demonstrar como o revestimento do telhado com essa manta reduz as temperaturas do sótão em até 30 graus e reflete o calor de volta ao sótão no inverno. Sem falhas, nossas demonstrações de produtos foram mais impressionantes e atraíram mais interesse em nossos imóveis do que qualquer almoço com corretores jamais poderia fazer. Foi assim que apresentamos valor e qualidade, e ensinamos sobre nossas residências.

****

O objetivo é informar e educar os outros. Capacite-os. Essa é a chave para uma ótima apresentação. Considere as características de um imóvel que podem passar despercebidos pelos compradores em potencial, mas que podem lhe dar uma grande vantagem sobre o processo de tomada de decisão. Por exemplo, válvulas diretas em um sistema de encanamento podem reduzir o desperdício de água em milhares de litros por ano. O revestimento de telhado com manta térmica pode impedir que uma quantidade substancial de calor permeie um sótão. Esses dois recursos não só promovem a eficiência energética, como resultam em economias financeiras significativas para a proprietária. Ao apresentar esses recursos, oferecendo amostras tangíveis com as quais você pode mostrar uma função real, você cria associações maiores para seus clientes em relação a como os recursos de uma casa podem beneficiá-los. Tais demonstrações permitem que você trabalhe na qualidade de suas casas enquanto constrói confiança e honestidade com os corretores e os futuros proprietários.

É importante notar também, que as apresentações não precisam ser limitadas pela disponibilidade dos itens de exibição. Percorra seus imóveis enquanto eles estão sendo construídos e tire fotos das instalações e da estrutura. Coloque essas fotos em uma elegante apresentação em PowerPoint, e leve-a em suas visitas a outras organizações para oferecer ao público uma experiência imersiva em primeira mão. Você não precisa ter um modelo disponível, para mostrar como a garantia dos equipamentos de encanamento da Moen inclui o acabamento, por exemplo. Seja qual for a forma da sua apresentação, o fator mais importante é garantir que ela seja informativa e educacional. E é isso que vai separar você e sua construtora de outros corretores e suas empresas.

A maioria das construtoras não realizam apresentações para o público, muito menos demonstrando, profissional e sistematicamente, os produtos e componentes usados em suas residências. Mesmo que seus imóveis sejam construídos de forma igual a de todas as outras construtoras—e a maioria das novas residências são muito parecidas—

sair e demonstrar o valor e a qualidade de seus imóveis provará seu valor e lhe proporcionará uma vantagem competitiva de tempos em tempos.

Informar e educar agrega valor e qualidade nas casas que você vende. A recompensa é o aumento da participação de mercado e aumento das vendas, fechamentos e comissões. Realizar apresentações é a prática mais eficaz imaginável, em termos de resultados e custos, no atual cenário de venda de imóveis. Não lhes dê um peixe ou almoço. Ensine-os a pescar. Ao ensinar os outros a pescar, você os alimenta e os capacita por toda a vida. Ao alimentá-los por toda a vida, você alimenta a si e a sua empresa por toda a vida. É assim que funciona.*

#2: Influenciando os Outros

Uma visita padrão ao escritório imobiliário pode despertar um interesse momentâneo dos corretores em seus imóveis, mas apresentações dinâmicas, conduzidas com várias pessoas e lugares, ensinam mais sobre como suas casas são construídas e fornecem a elas conhecimento e compreensão duradouros de seu produto. Ao brincar com diversos públicos—visitando diferentes tipos de organizações e entregando conteúdo informativo poderoso—você lança uma rede maior, em termos de interesses que você pode capturar.

Para alguns corretores novos, fazer apresentações para diferentes públicos pode ser um obstáculo pessoal significativo. Para superar isso, posicione-se dentro de uma equipe onde você pode construir um senso de camaradagem e ter o apoio necessário para se sentir confortável enquanto faz uma apresentação envolvente. Ou, se estiver apresentando-se sozinha, pense nos seus objetivos pessoais e identifique essa como a sua oportunidade de alcança-los. Intensifique

---

* Se você quiser um treinamento gratuito para as suas apresentações online e presenciais, por favor ligue para +1 (916) 768-5525.

sua jogada e sinta-se encorajada pelo potencial do mercado atual. Em um setor em que as opções de todos foram reduzidas, você deve ser a sua ferramenta mais eficaz e menos dispendiosa.

Uma das partes em atrair o negócio, é posicionar-se com as pessoas que vão espalhar a palavra sobre o que você tem a dizer. Se as pessoas ficarem impressionadas, elas dirão aos outros—isso é garantido. E quanto mais pessoas você alcançar, mais o seu negócio crescerá. Em seu livro *O Ponto da Virada: Como Pequenas Coisas Podem Fazer Uma Grande Diferença*, o autor Malcolm Gladwell explora o fenômeno de algo pequeno que cruza o limiar da atenção das pessoas em larga escala.

Nunca tenha medo de se expor e pedir referências. É assim que você pode criar um ponto de inflexão para as suas vendas de imóveis. Em todas as oportunidades, você deve se lembrar de influenciar a opnião daqueles com quem está se envolvendo, para que sua palavra se espalhe e os negócios cresçam exponencialmente. As três principais oportunidades para criar influência são: por meio de contatos, construindo seu banco de dados, e pegando o telefone.

Contatos

Os contatos são uma outra boa oportunidade para engajar pessoas e influenciá-las a enaltecerem o seu trabalho, trazendo mais negócios para você. Um dos erros mais comuns cometidos pelos corretores na hora de fazer contatos é insistir sempre nos mesmos contatos, circulando nas mesmas esferas de pessoas. Para fazer a diferença no seu negócio, você tem que explorar áreas menos conhecidas e fazer novas amizades.

Para cada evento com novas conexões que você atender, estabeleça uma meta para quantas pessoas você vai se conectar—para ter uma conversa de verdade. Em cada conversa, priorize a outra pessoa. Descubra quem são, o que são, onde estão na vida. Estabeleça as condições para um relacionamento interpessoal. Isso a levará a descobrir como eles estão em termos de moradia, e o que você pode oferecer.

Depois de fazer uma nova conexão e trocar cartões de visita, faça o acompanhamento com ele ou ela enviando um breve e-mail com: *"Prazer em conhecê-lo(a)"*, no mesmo dia em que fez o contato. Nunca é cedo demais para cultivar o relacionamento. O próximo passo é adicionar todo e qualquer contato que você fizer às suas redes sociais e à sua lista de distribuição de e-mails. Maximize seus perfis, associações, e campanhas automáticas de e-mail para trabalhar para você.

Construindo Seu Banco de Dados

Deve haver um objetivo claro, uma intenção bem cristalizada, em todos os aspectos do seu negócio. No final de cada apresentação ou evento para fazer contatos, você deve estar sempre montando o seu banco de dados.

Enquanto você está na linha de frente, engajando seu mercado e descobrindo novos clientes, seu banco de dados estará sempre presente—ajudando você a se comunicar e a promover seus negócios por meio de campanhas de e-mail e outras funções de marketing. Para estender seu alcance de maneira eficaz, acompanhe seu ponto de partida, ou seja, quantos contatos você tem atualmente e o tamanho do seu crescimento.

Ao visitar imobiliárias ou outras organizações, colete o máximo de cartões de visita possível. A medida que você conhece e troca informações com as pessoas, sinta quem são os PCIs: Pessoas com Influência. O termo PCI descreve qualquer pessoa que influencie um grande número de pessoas, como os gerentes de uma grande equipe dentro de uma organização. Muitas vezes, o banco de dados de um PCI se condensa em centenas, senão em milhares de outros contatos. Insinuando-se no círculo profissional de um PCI, você se garante novas oportunidades de exposição e disseminação da sua mensagem.

Outro tipo de pessoa que vale a pena conhecer, como Gladwell menciona em *O Ponto da Virada*, são os experts—geralmente descrito como um especialista de confiança de um campo específico, que procura transmitir seus conhecimentos para os outros.

Os experts se diferem dos PCIs por não poderem influenciar um número substancial de pessoas, mas, devido à sua capacidade de reunir informações, são muitas vezes os primeiros a captar novas tendências. Sua personalidade é impulsionada pelo desejo de conversar e promover. Sua popularidade geralmente se estende em fóruns on-line e além deles, onde eles podem se envolver com amigos e familiares, contribuir com membros para grupos e postar discussões em plataformas de mídia social. Você descobrirá que contatos diferentes, trazem benefícios diferentes para sua empresa.

Para garantir que seu banco de dados permaneça sempre cheio, você deve estar atenta para capturar os contatos que faz. Além das interações interpessoais, pense nas formas mais inertes de coletar dados, como cartões de registro de convidados ou pesquisas de visitantes realizadas em sua comunidade de novos imóveis. Não é incomum que esses pontos de dados se tornem leads perdidos, definhando no fundo da bolsa de alguém ou abandonados em uma gaveta. É imperativo transferir essas informações para o banco de dados de sua empresa, e deve ser uma decisão firme.

Coloque esses leads em seu banco de dados e, ao fazê-lo, use-os para determinar a eficácia de seus esforços. Os resultados são a maneira mais certa de medir seu sucesso. Construa seu banco de dados e você atrairá negócios.

Pegando o Telefone

Além de sua coragem, charme e determinação, o telefone continua a ser a sua ferramenta mais eficaz quando se trata em fazer contato, manter relacionamentos e atrair negócios. Cada pessoa inserida em seu banco de dados deve receber um telefonema seu, e deve receber enquanto a interação entre vocês ainda estiver fresca. As apresentações sempre provocam perguntas e observações nos membros da audiência, embora as circunstâncias nem sempre permitam uma discussão mais aprofundada.

Ao invés de deixar o interesse das pessoas ignorado, ligue para seus novos contatos o mais rápido possível—enquanto a informação ainda está fresca em suas mentes, enquanto eles ainda estão abertos para o que você tem a dizer. Não perca tempo e não se contente em enviar e-mails para os contatos com os quais você se envolveu pessoalmente.

Os clientes em potencial querem se sentir ouvidos e compreendidos. Ligue para eles e mostre que você se importa. Descubra mais sobre eles e descubra como você pode ajudá-los. Eles estarão mais dispostos a superar suas barreiras, sabendo que têm uma pessoa com quem se conectar, que os pode informar e mostrar suas opções e oportunidades. Forneça esse toque pessoal.

Recapitulando

• Quando se trata em atrair negócios, conduzir apresentações é a melhor forma de fazê-lo. Demonstre os produtos de seus imóveis, incluindo as características, benefícios e garantias—e faça isso em organizações menos óbvias.

• Crie presença on-line que permita que você compartilhe virtualmente o valor de suas casas com pessoas que não podem ser alcançadas pessoalmente.

• Influencie as pessoas com quem você entra em contato. Faça com que outras pessoas falem sobre as características e benefícios de seus produtos e serviços. Gere o interesse, e ganhe referências por meio de contatos, montando banco de dados, e fazendo ligações para garantir que você esteja se conectando totalmente com as pessoas que conheceu.

Questões Fundamentais

- "Estou encontrando maneiras de atingir meus objetivos com responsabilidade?"
- "Quais são os lugares novos e inesperados onde posso me apresentar?"
- "Estou presente na internet para me apresentar?"
- "Minhas apresentações são efetivas e influentes?"
- "Elas informam e orientam?"
- "Estou influenciando meus relacionamentos para atingir meus objetivos?"
- "Estou montando minha base de dados?"
- "Estou me conectando de forma adequada e criando novos contatos?"

SENDO UM COMUNICADOR MESTRE

"O sucesso é a realização das necessidades, faltas, mágoas, e desejos do outro".

– Dr. Robert Schuller

A Sua Saudação

Ser um comunicador mestre começa com sua primeira interação com um cliente. Sorria, olhe nos olhos deles, e estenda a mão ao recebê-los no imóvel da sua construtora. Por exemplo, você pode dizer: *"Oi. Bem-vindo ao XYZ Construções. Meu nome é Christine Hamilton. E você quem é?"*

Primeiro, reconheça a chegada do cliente, e sua estima por sua visita. Mostre sua construtora ou nome da empresa. Isso é mais importante do que dizer o nome impresso na publicidade da comunidade. Em seguida, diga-lhes seu primeiro e último nome, não apenas seu primeiro nome. Dar seu sobrenome junto com seu primeiro nome cria uma impressão de transparência e profissionalismo. Ao fornecer seu nome completo, você pode esperar que seu cliente responda da mesma forma e forneça seu nome completo também. Por fim, faça sua primeira pergunta: *"E você quem é?"*. A forma como você recebe os clientes estabelece as bases para o desenvolvimento de seu relacionamento.

Assim que lhe derem o nome, escreva imediatamente em um cartão de registro de visitantes. Anote-o porque os clientes notarão seu interesse imediato neles. Quando você pergunta o nome de alguém e o escreve imediatamente, você está expressando interesse através do processo de compra de imóveis.

Então você pergunta: *"O que o leva a ver casas novas hoje?"*. Você quer descobrir o que levou seu novo cliente a procurar uma nova casa. Isso te dará abertura para descobrir mais sobre o que o seu cliente quer. Uma ótima pergunta seguinte seria: *"Você tem uma ideia do tamanho da casa e da faixa de preço que está procurando?"* É aí que você começará a explorar os critérios do cliente.

Pergunte para Realmente Entender

Como corretora de imóveis, a coisa mais inteligente que você pode dizer ou fazer, são perguntas! Fazer perguntas é parte fundamental ao estabelecer um relacionamento com os clientes e construir confiança. Em um nível básico, você pode fazer perguntas abertas, como: *"O que fez você decidir comprar seu próprio terreno?"*, para solicitar aos clientes que compartilhem com você alguns dos recursos que estão procurando em uma residência. Mas fazer perguntas também te permite explorar o que está motivando o comprador, e a enaltecer questões ou interesses particulares—para criar um senso de urgência em relação às necessidades e desejos do cliente.

Quando se trata do que os clientes querem, cabe ao corretor imobiliário ajudá-los a priorizar seus critérios. Os clientes nem sempre sabem o que querem, o que significa que você precisa identificar quais respostas imediatas não devem necessariamente serem aceitas logo de cara. Cabe a você descobrir qual a casa que melhor atende às necessidades, faltas, mágoas e desejos do cliente.

Ser uma vendedora de imóveis bem-sucedida exige, em parte, a descoberta de todos os lados da situação do cliente. As feridas ou os problemas que eles sofrem são tão importantes quanto suas necessidades práticas, ou a visão de uma casa dos sonhos. Muitas vezes, as respostas rasas apenas revelam o óbvio, não te aprofundam o suficiente em algumas das razões mais substanciais por trás da busca de um cliente. Ouça bem o que o cliente está lhe dizendo, e o que o ele não está lhe dizendo.

Ao fazer perguntas que procuram preencher lacunas e extrair as reais razões de um cliente procurar um novo lar, você prepara o cenário para a sua apresentação, de modo que seus clientes estejam infinitamente mais receptivos ao que você tem a dizer. Ao fazer isso, eles reconhecerão que você entende de onde eles estão vindo.

Fazer perguntas também permite que você personalize sua apresentação e modele sua demonstração como uma solução para as necessidades do cliente. Assim, você ganha o conhecimento necessário para demonstrar o valor e a qualidade de suas casas da maneira como o cliente precisa ver; para vender suas casas da forma como eles precisam que seja vendido. Você nunca sabe quando, ou se, você terá uma segunda chance com esse cliente. As probabilidades são que você não terá uma segunda oportunidade. Por isso, é imperativo que você não deixe a oportunidade passar. Então, domine a arte de perguntar.

Aprofunde-se

Quando se trata de fazer perguntas, muitos vendedores de imóveis pensam: *"Eu não quero parecer agressiva"* ou *"Eu não quero me intrometer"*, porque, apesar de algumas pessoas estarem olhando para as casas como retiros de descanso, a maioria está procurando uma casa por uma razão particular. Essas razões podem se manifestar em muitos níveis, seja a insatisfação com uma situação atual, ou até mesmo problemas de relacionamento. Nem sempre é fácil para o cliente compartilhar o que é difícil, desconfortável ou desagradável, ou o que não parece estar bem em suas vidas.

Como corretora de linha de frente, seja direta com as pessoas. Faça perguntas que criam espaço para que seus clientes se sintam à vontade para se abrir com você e compartilhar o que realmente está acontecendo em suas vidas, o que os motiva a se mudar agora. Quando você se atreve a perguntar, eles se atrevem a compartilhar.

Para facilitar a fase de descoberta do cliente com mais empatia, use as perguntas Situação, Problema, Implicação e Necessidades base, também conhecidas como vendas SPIN. Sua capacidade de aplicar as vendas SPIN dentro da experiência de seus clientes, não apenas a diferencia de outros novos corretores, mas como também contribuirá com uma taxa maior de fechamento de vendas. Quando você tem coragem de perguntar, eles têm a coragem de compartilhar. Quando você se importa o suficiente para perguntar, eles se sentirão à vontade para contar.

Perguntas Situacionais

Dentro do reino das perguntas situacionais, é importante trabalhar de macro para micro, do quadro geral para o pequeno. Uma das coisas que você quer saber de antemão é se eles fizeram uma pesquisa online antes da visita. O ponto inicial da maioria das pesquisas dos compradores de imóveis começa em www—o *World Wide Web*. Ao entrar online, as palavras típicas de busca seriam: casas novas, cidade e estado. A maioria das pessoas, ao considerar a compra ou a construção de uma nova casa personalizada, escolhe primeiro o local. Eles geralmente sabem qual cidade ou cidades estão considerando. Se um cliente está considerando outros lugares, pergunte: *"Você se decidiu por esta cidade?"* ou *"Como você decidiu esse local?"*.

Se você perguntar às pessoas sobre o local e receber uma resposta afirmativa, então essa parte do processo de tomada de decisão já estará concluída. Trabalhando do ponto de vista da localização, você progride para a comunidade. Pergunte aos clientes: *"O que o levou a considerar nossa comunidade?"*. E se eles realizaram pesquisas online antes de visitar sua comunidade. Logo em seguida, você descobrirá o que já está praticamente vendido para o cliente, e o que ele ou ela precisam conhecer mais.

Depois de pressentir qual a percepção do cliente sobre a comunidade e localização, avance para o produto. Pergunte ao cliente— e essa é uma ótima maneira de eliminar a opção de um imóvel de revenda—*"Quão importante é para você ter a sua casa do seu jeito?"*. Se for importante para o cliente fazer suas próprias seleções, você saberá que ele ou ela comprará uma casa nova. A partir daí, você pode perguntar: *"Qual é o seu prazo?"*. E em seguida, dê um passo adiante com seu questionário, perguntando: *"Seu prazo está baseado em quê?"*. Às vezes, um cliente ainda está economizando uma dar uma entrada ou tem uma casa para vender primeiro, ou está esperando um bebê, ou está passando por um divórcio.

Uma infinidade de motivos pode afetar um prazo. Mas, independentemente do prazo que os clientes estipulam, é importante que você se aprofunde em descobrir quais objeções, preocupações ou problemas pode ser necessário ajudá-los a resolver, a fim de mover esse prazo para HOJE. Fazer perguntas sobre o prazo é uma forma garantida de ganhar dinheiro, contanto que você use as informações fornecidas, e as use para ajudar o cliente a solucionar um problema.

Outra importante área a questionar, ao avaliar a situação de um cliente, são as finanças. Exemplos de perguntas incluem: *"Você já conversou com alguém sobre financiamento?"*, e *"Qual valor você estava qualificado a receber?"*, ou *"Que tipo de empréstimo você está considerando?"*. E, se você realmente quer impressioná-los: *"Qual valor fica confortável para você pagar?"* —essa pergunta significa que você não vai forçá-los além do que podem pagar. Quando o cliente compartilha com você um valor, você vai querer continuar a conversa perguntando como ele chegou a esse número. Você também precisa perguntar: *"Quanto você tem para dar de entrada, e pagar todos os custos de fechamento?"*.

A última pergunta é importante porque, o dinheiro não precisa estar fazendo um buraco no bolso do cliente naquele dia, se a casa ainda estiver para ser construída. O objetivo é avaliar onde o cliente está em termos imediatos de interesse e disponibilidade.

As perguntas situacionais permitem uma avaliação inicial, e te possibilitam fazer ajustes de acordo com o andamento da conversa. Você pode fazer tantas perguntas quanto puder no começo. Antes de apresentar a comunidade, ou compartilhar informações abrangentes sobre a área ou sua construtora, descubra primeiro de onde o cliente está vindo. Às vezes, eles nem sabem exatamente o que querem, ou o que você tem que eles gostam, ou o que eles aceitarão como uma solução alternativa.

****

Quando eu comprei meu primeiro carro novo, eu estava trabalhando com vendas de casas novas e tinha um velho Volkswagen Jetta GLI com 300.000km rodados. Eu amava meu carro e já havia trabalhado na venda de Volkswagens, então eu era muito leal a esse produto e estava com meu coração comprometido em um novo Volkswagen Jetta GLX. Não só tinha certeza do que queria, como tinha certeza de que tinha de ter um carro vermelho com o interior bege, e de que não queria outro carro com interior preto—vivia em um lugar com clima quente e poeirento, que absorvia calor e fazia cada partícula de poeira ou sujeira, visível.

Levei minha lista de requisitos para a concessionária, e descobri que a Volkswagen nem mesmo oferecia essa combinação de cores. Fui a ponto de ligar para o fabricante e ver se poderia fazê-lo de forma personalizada, mas isso também não era possível. Sentindo-me frustrada, me lembrei de outro carro que eu vira no estacionamento no dia em que fui à concessionária—um Audi cor de pérola com interior preto—e me apaixonei. E eu acabei comprando aquele Audi perolado, com o interior preto que eu tinha jurado que nunca teria novamente.

O objetivo desta história é esclarecer que os clientes nem sempre sabem o que querem. Eu pensei que eu queria um Jetta GLX vermelho com o interior bege. Mas em vez disso, acabei comprando um carro melhor, com uma bonita combinação de cores, em um pequeno modelo alemão de quatro portas, com todas as comodidades. Na verdade, foi melhor do que o que eu imaginara originalmente para mim.

****

Você não pode aceitar sempre, logo de cara o que o cliente diz inicialmente. Você precisa entender os problemas subjacentes da situação e as consequentes implicações, para poder sugerir uma solução de imóvel apropriado. É por isso que você se aprofunda nos motivos do cliente para se mudar, e o que eles esperam alcançar.

Perguntas Problemáticas

As perguntas problemáticas levam-no ao próximo nível, em termos de compreensão dos seus clientes. Eles geralmente revelam quais problemas um cliente está passando naquele momento. A questão-chave do problema a ser perguntado é: *"Por que você decidiu se mudar?"* ou, mais especificamente: *"Por que você está pensando em comprar ou construir uma nova casa?"*, ou *"Por que você está diminuindo/aumentando a casa?"*. O ato de diminuir ou aumentar a casa pode ser um indicador imediato do tipo de problema(s) que um cliente está tendo. Alguém pode decidir reduzir o tamanho porque as contas de serviços públicos estão muito altas, ou a hipoteca é muito cara, ou a quantidade de espaço não é mais necessária, ou porque eles querem algo mais livre de manutenções, ou devido a problemas relacionados à saúde. Alguém pode decidir aumentar porque é necessário um quarto para o novo bebê, mistura de parentes, ou porque os pais idosos estão se mudando.

Se você pegar seu cliente reclamando—e isso pode parecer contraditório—mas se pegar o seu cliente reclamando, você estará fazendo um ótimo trabalho. Você quer que seu cliente revele sua insatisfação atual. Peça aos clientes detalhes sobre as áreas em que moram—o bairro e a comunidade em geral, as escolas, shopping centers, parques, etc. É disso que eles não gostam no lugar onde vivem agora, e a casa em que moram.

Outra pergunta muito crítica a ser feita, é a idade da casa. Muito poucos corretores de imóveis fazem essa pergunta, mas a resposta é vital para obter as informações necessárias e saber o que você deve apresentar. Se eles moram em qualquer residência com 10 anos ou mais, é provável que tenham recursos mais antiquados de aquecedores e ar condicionado, ou sistemas de encanamento, em comparação com a eficiência e a eficácia das novas residências atuais. Isso permite que você saiba que pode falar sobre o conforto e a conveniência de possuir uma casa nova, com eficiência energética.

Dentro de suas perguntas problemáticas, você também deve se dirigir à concorrência. Se o seu cliente tem a intenção de comprar uma casa nova, provavelmente ele ou ela está considerando outras construtoras. Você precisa descobrir exatamente quais locais, comunidades e lares seus clientes estão explorando para que você possa derrubar a concorrência mais cedo do que nunca.

Elegante e profissionalmente, descubra se o seu cliente está considerando seriamente outras casas. Certifique-se de que você é conhecedora dos recursos e comodidades que a concorrência tem a oferecer—quais qualidades e valores os concorrentes adotam em relação à sua comunidade. Faça perguntas aos clientes, como: *"Você está seriamente pensando em comprar?"*, e *"Por que você não comprou a casa?"*, ou *"O que estava faltando?"*.

Por fim, faça investigações de contingência em suas perguntas problemáticas. Além da idade de uma casa, descubra há quanto tempo o cliente vive lá ou há quanto tempo ele possui a propriedade. Descubra quando o cliente comprou, o que pagou e quanto ainda deve na propriedade. Calcule quanto o cliente obterá com a venda da casa.

Neste momento, também não tenha medo de se aprofundar, fazendo perguntas como: *"Você pretende vender para comprar?"*, ou *"Já pensou em alugar em vez de vender?"*. Se a casa já está no mercado, pergunte: *"Quão competitivo é o preço?"*. Mais adiante na conversa, você pode perguntar: *"Se necessário, você está disposto a reduzir o valor para vendê-lo no mercado atual?"*. A pergunta que você faz é uma pista para a solução sob medida que você está prestes a apresentar.

Perguntas de Implicação

Perguntas de implicação orientam os clientes a considerar os preços que eles pagam, em um nível mental, emocional, financeiro e de relacionamento. Suas respostas também envolvem as consequências de não se direcionarem para uma solução.

Ao se aprofundar em alguns dos problemas que os clientes podem estar enfrentando em relação à sua situação atual, lembre-se de que os problemas nem sempre estão totalmente associados a própria casa, mas podem ser, por natureza, mais pessoais. Pergunte cuidadosamente, sobre a experiência ou as circunstâncias de um cliente. Alcance sua mente e coração, e capacite-se para melhor servi-los com as informações que você vai descobrindo.

Algumas perguntas podem se direcionar à vida pessoal de um cliente, como: *"Como está indo essa parte?"*, em resposta a uma situação movida pelo divórcio, mas a maioria das perguntas de implicação provavelmente estarão centradas nos produtos que você tem a oferecer em seu imóvel. Por exemplo, se a atual casa do seu cliente tem um porão, você pode perguntar: *"Seu porão já inundou?"*, *"Como você tira a água?"*, *"Há algum problema de mofo e bolor?"*, *"Isso já afetou a saúde da sua família ou estragou algum de seus pertences?"*. Pergunte ao cliente o que ele ou ela faz sobre um determinado assunto—especialmente se seus imóveis disponibilizam uma solução no qual você possa mencionar. Pergunte sobre eficiência energética, recursos de água quente e fria, janelas revestidas de vinil versus o alumínio.

Existem inúmeras implicações referentes a características domésticas que podem custar aos clientes mais dinheiro por mês, do que eles estão dispostos ou são capazes de gastar. Cavar bem fundo e fazer perguntas de implicação, te permite abordar os problemas com mais tato. Em vez de apresentar a eles uma perspectiva genérica de como suas casas podem economizar mais dinheiro, você pode dizer: *"Eu me pergunto quanto isso está te custando?"*. Esse tipo de pergunta retórica faz com que o cliente reflita sobre o que está custando para ele, e aumenta a urgência da sua necessidade de tomar decisões positivas agora. Essas perguntas e respostas também são as pistas para apresentar os recursos e benefícios de suas casas e comunidades como a solução que melhorará a vida de seus clientes.

****

No início de minha carreira em vendas, eu perdi uma venda para um concorrente porque não conhecia completamente os recursos e benefícios do produto que eu estava vendendo. Eu era representante de fac-símile, e trabalhava para uma distribuidora da Canon. A empresa forneceu uma semana de treinamento. Mas depois de apenas uma semana, eu não entendi completamente todos os recursos do L770, nosso mais vendido aparelho de fax com papel comum. Especificamente falando, eu não sabia nada sobre a transmissão atrasada, um recurso que permite ao usuário final atrasar a transmissão de faxes até depois do horário comercial, quando as tarifas telefônicas são significativamente mais baixas. Depois que eu perdi a venda para um concorrente, o cliente me telefonou e perguntou se nossa máquina de fax oferecia atraso na transmissão. Eu verifiquei e liguei de volta para ele para que soubesse que sim, de fato. Mas nesse momento, o acordo foi feito. Ele já havia comprado um aparelho de fax, com o preço mais baixo, do meu concorrente. Infelizmente, a maioria dos faxes que enviávamos eram para números muito distantes. Se eu tivesse entendido todas as características da nossa máquina, talvez eu tinha descoberto o fato de que eles estavam gastando muito dinheiro em tarifas de longa distância. Eu poderia ter fornecido a eles uma solução mais adequada, que teria economizado uma quantia significativa de dinheiro em taxas de longa distância e, assim, justificaria nosso preço mais alto. No final, isso resultou em uma situação de perda para todos os lados. O cliente perdeu a oportunidade de comprar um aparelho de fax mais adequado às suas necessidades e economizar dinheiro. Eu perdi uma venda e uma comissão em potencial. E minha empresa perdeu receita em potencial. Portanto, é muito importante que as empresas invistam tempo e dinheiro em treinamento de conhecimento de produto.

Da mesma forma, empresas proativas fornecem treinamento sobre os produtos de seus concorrentes. Ao conhecer e entender a concorrência, os representantes de vendas bem informados diferenciam melhor os produtos de sua empresa dos de seus concorrentes. Você tem que saber sobre a concorrência antes de poder vender com sucesso contra eles.

A partir de então, fiz meu dever de casa sobre qualquer produto que eu vendesse, incluindo novas casas, para entender as características e os benefícios que a tornavam distinta em qualidade. Além disso, eu gerava uma lista, com cerca de doze das melhores características do meu produto, e algumas perguntas-exemplo para as quais gostaria de saber as respostas. Isso me deu uma visão mais completa dos benefícios do meu produto para que eu pudesse resolver mais prontamente qualquer problema que um cliente tivesse.

****

Não apenas sabendo as perguntas a fazer a si mesma, mas antecipando os tipos de perguntas que seus clientes podem fazer, você pode atender aos diferentes tipos de personalidades de seus clientes. Alguns podem ser pessoas do tipo sentimental, para as quais suas perguntas de implicação atraem os sentidos emocionais, como: *"Como você se sente sobre isso?"*. Para outros clientes, que são racionais por natureza, você pode adaptar suas perguntas de implicação à sua sensibilidade analítica. Por exemplo, você pode perguntar a um cliente quanto dinheiro ele ou ela está gastando mensalmente e anualmente em uma locação: *"Me pergunto quanto de aluguel isso dá por ano?"*. Ao fazer isso, você orienta o cliente a considerar os benefícios e as economias resultantes da compra de uma de suas casas—fazendo assim, um melhor investimento com seu dinheiro.

As perguntas de implicação destacam os custos do cliente ficar onde ele ou ela estão atualmente, contra os benefícios de se fazer uma mudança: *"O que está te custando?"*, ou *"Como isso afeta seu orçamento?"*, e *"O que você faria com o dinheiro?"*. Observe que você não precisa responder a pergunta ou declarar o óbvio. Apenas plante a semente fazendo o questionamento. Este é um outro exemplo da arte de orientar o processo de pensamento dos clientes.

Ao fazer as perguntas sobre implicações certas, você efetivamente ampliará o senso de urgência do cliente. Quando você faz essas perguntas, orienta-os a pensar de forma que eles consigam vocalizar e compartilhar com você as circunstâncias que cercam suas pesquisas de novo imóvel. No momento em que você encontra um cliente, ele ou ela já chegou a você com o desejo de comprar, ou pelo menos para aprender mais. A urgência já está embutida. É seu trabalho enaltecê-lo; para trazer à tona a miríade de razões em que o cliente possa querer ou precisar se mudar. Há sempre uma razão para comprar, e sempre uma razão para fazê-lo aqui e agora, hoje. É o seu trabalho, sua responsabilidade, descobrir qual é esse motivo do cliente.

Soluções para Necessidades Base

Depois de usar suas perguntas para avaliar a situação, identificar os problemas e descobrir as implicações, a etapa final é fazer as perguntas que avaliam a receptividade do cliente em relação a uma solução baseada nas necessidades. Você pode perguntar: *"Se você encontrasse a casa certa hoje, você a compraria?"*, ou *"Quando você encontra a casa *certa, quando planeja comprá-la?"*. Lembre-se dos problemas, preocupações e objeções que o cliente expressou que podem impedir que ele ou ela avancem na compra hoje, e pergunte: *"Se eu lhe mostrasse uma maneira de comprar hoje, você estaria aberto a conhecer?"*. Ofereça aos clientes opções de solução fazendo perguntas que os mostrem as possibilidades. Seja qual for o motivo pessoal de um cliente—se não guardou dinheiro suficiente para dar a entrada, ou se o divórcio não foi finalizado ainda, ou se a residência atual ainda não foi vendida—lembre-o de que o depósito não será fechado hoje. Uma das muitas vantagens de uma casa nova é a de que leva tempo para ser construída. Os clientes não precisam ter todas as suas coisas no devido lugar no mesmo dia. Eles só precisam ter dinheiro suficiente para dar a entrada.

"Se eu te mostrar uma maneira, você compraria hoje?". Seja a resposta para a pergunta deles, a resolução de seus problemas e a clareza de suas implicações. Seja a solução para as suas necessidades.

O Poder de Ouvir

Como um corretor de imóveis, o maior poder que você possui é a disposição e a capacidade de ouvir o que os clientes têm a dizer. Como você interage regularmente com os clientes que se aproximam de você por diversas razões—aparentes e ocultas—sua primeira e principal forma de ajudá-los é ouvir atentamente o que eles dizem e como se expressam. É apenas ouvindo que você pode fazer as perguntas que eles precisam responder, de modo que ele possa ouvir em voz alta suas próprias respostas.

As Possibilidades

Uma parte essencial em ouvir seus clientes é reconhecer, em primeiro lugar, que cada cliente é uma oportunidade—que uma ampla gama de possibilidades se desdobra sempre que um cliente entra no seu estande de vendas. A única maneira de ajudá-lo a comprar uma casa, e se ajudar a alcançar suas metas de vendas, é saber se eles podem ou não comprar naquele momento, esse cliente será agora um embaixador de seus serviços e da experiência que você entrega.

Ser um comunicador mestre é reconhecer o seu poder e o efeito que você tem, ou pode ter em seus clientes. Lembre-se sempre de fazer conscientemente perguntas que abram as possibilidades.

Recapitulando

- Ser um comunicador mestre requer um aperfeiçoamento da arte de perguntar. Isso é totalmente centrado na mentalidade de que você pode resolver o problema de um cliente, e mostrar a ele como progredir, hoje. Capacite-se para esse fim. Artisticamente, faça as perguntas que lhe permitirão ajudar os clientes que te procuram.

- Descubra qual é a perspectiva do seu cliente antes de passar para a apresentação da sua construtora, comunidade e casas.

Questões Fundamentais

- *"Olá. Bem-vinda a XYZ Construções. Meu nome é Christine Hamilton. E você quem é?"*
- *"O que te leva a ver casas novas hoje?"*
- *"Você tem alguma ideia do tamanho da casa, e da faixa de preço que está procurando?"*
- *"Você pesquisou na internet antes de vir?"*
- *"Como você escolheu esse lugar?"*
- *"O que o levou a considerar nossa comunidade?"*
- *"Quão importante é pra você ter a sua casa do seu jeito?"*

- *"Por que você decidiu se mudar? Por que você está considerando comprar ou construir uma casa nova?"*
- *"Qual é o seu prazo? Ele é baseado em quê?"*
- *"Você está seriamente considerando outra casa ou comunidade? O que estava faltando pra você não ter comprado aquela casa ainda?"*
- *"Você planeja vender/alugar para poder comprar?"*
- *"Você está disposta a reduzir o preço para vendê-lo no mercado atual?"*
- *"Como está indo isso? Como se sente a respeito?"*
- *"Quanto você está pagando de aluguel por mês?"*
- *"Eu me pergunto quanto isso dá por ano?"*
- *"O que isso está lhe custando? Como isso afeta seu orçamento? O que você faria com o dinheiro?"*
- *"Se você encontrasse a casa ideal hoje, você compraria?"*
- *"Se eu te mostrasse uma forma de comprar hoje, você estaria aberto a conhecer?"*

DOMINANDO A PERSONALIDADE DE VENDEDOR

"Eu tenho um sonho de que um dia meus quatro filhos vivam em uma nação onde não sejam julgados pela cor de sua pele, mas pelo seu caráter."

– Martin Luther King, Jr.

Construindo Relacionamentos

Quando se trata do cenário de venda de imóveis, a ideia de que "os opostos se atraem" não é válida. As pessoas tendem a comprar dos corretores de quem gostaram. E as pessoas tendem a gostar daqueles que são como eles. Portanto, ajustar seu comportamento, muitas vezes, é parte integrante da conexão com outro indivíduo. Para ser uma profissional eficaz, você tem que vender para os clientes da maneira que eles gostam que seja vendido, não necessariamente do jeito que você está acostumada a vender, ou como você gosta que seja vendido. Venda para eles da maneira que eles precisam e querem. Ajude-os a comprar da maneira que precisam e querem comprar.

Descobrir como um cliente quer e precisa comprar, significa determinar o tipo de personalidade de um indivíduo. Determinar o tipo de personalidade de alguém começa durante o cumprimento inicial, com um simples aperto de mão. Como uma prática que deve ser parte integrante de todas as suas interações com os compradores, os apertos de mão são uma maneira instantânea de avaliar o caráter. Pegue na mão do cliente, olhe em seus olhos e diga: *"Olá, bem-vindo à comunidade XYZ. Meu nome é ... e você quem é?"*. Esteja presente naquele momento e seja observadora.

Sinta o modo como o cliente aperta sua mão. Ouça a maneira como eles respondem à sua pergunta. Preste muita atenção às suas escolhas de palavras, e à maneira como eles falam. Observe a linguagem corporal deles. Todos esses fatores irão te dar pistas sobre seus tipos de personalidades. Quando descobrir o tipo de personalidade, você terá um guia para todas as interações com esses clientes a partir de então, enquanto trabalha para fechar o negócio.

Quatro Tipos de Características: CAPA

No geral, existem quatro tipos de características que descrevem e definem cada pessoa, servindo de base para o envolvimento interpessoal: Controlador, Analista, Promotor e Apoiador (CAPA). Cada pessoa possui variados graus das características que compõem os diferentes quadrantes. Sem dúvida, porém, a maioria das pessoas tem um tipo de personalidade primária, seguida por uma secundária. Esses dois tipos são definidos por certas qualidades serem mais pronunciadas do que outras. Quando se trata de seus clientes, você precisa verificar quais são os quadrantes primários e secundários de cada pessoa. Também é imperativo que você descubra em qual quadrante de personalidade do cliente você está, e com qual você tem mais dificuldade. Isso permitirá que você ajuste seu comportamento para se aproximar de seu cliente e maximizar sua capacidade de se conectar com ele, no nível dele.

O Controlador

Controladores são criadores. Você poderá dizer isso no primeiro aperto de mão. O controlador não tem vergonha de apertar as mãos. Desde o começo, você receberá um aperto firme, que busca estabelecer domínio. Esse aperto firme também significará uma abordagem pragmática. O controlador é uma pessoa de relacionamento comercial, focado em fazer as coisas, não em estabelecer uma amizade. Se você quiser se relacionar com ele, no nível dele, você precisa lidar com os negócios primeiro. A parte pessoal do relacionamento será secundária.

Como os controladores são pessoas voltadas para os resultados, eles são os mais interessados no produto final. Embora sejam pessoas extrovertidas, eles não necessariamente exibem entusiasmo. São indivíduos relativamente frios que tendem a ser assertivos e obstinados, muitas vezes intimidantes e especialmente impacientes. Para os controladores, a impaciência, embora contrária a opinião popular, é um ponto de orgulho porque é particularmente voltada para a ação. É a qualidade em que eles mais confiam para fazer as coisas. Controladores são independentes, grandes empreendedores, e imensamente eficientes. Eles também tendem a ser decisivos e de assumir altos riscos, sem medo de tomar decisões de compra imediatamente.

Quando se trata de comprar uma casa, uma coisa que é fundamental lembrar sobre os controladores é que eles tendem a ser teimosos e confiantes. Baseiam-se em uma necessidade particular de estarem certos—ou, pelo menos, de pensarem que estão certos. Sem julgamentos e insultos, esta é outra qualidade que os tornam confiantes e decisivos como compradores de imóveis.

Se Ajustando ao Controlador

Como o controlador vai querer controlar a direção da interação, eles tendem a fazer perguntas muito diretas sobre a comunidade, preços, comodidades e financiamento. Independentemente do assunto, é melhor você dar uma resposta direta a uma pergunta direta. É melhor você conhecer seus produtos. Se você não souber a resposta para algo, tente obter uma resposta imediatamente. O controlador espera e respeita a sua capacidade de resposta.

Quando se trata da apresentação do seu modelo—e porque o controlador é forte e dominador—você deve mostrar o poder e o prestígio do seu imóvel. Por exemplo, se a sua casa tiver uma elevação externa bonita, escura e majestosa, fale sobre como esse design exterior faz uma afirmação de aparência poderosa. Apele ao senso de poder e prestígio do controlador.

Dentro da casa, o controlador tenderá a gostar da vista da entrada, do escritório e das salas de estar. Certifique-se de destacar quaisquer visões inspiradoras que dão uma sensação de grandeza. Como corretora de uma construtora imóveis, é importante considerar que os controladores geralmente gostam de personalizar suas casas a partir do zero. Eles nem sempre vão se contentar com uma casa mobiliada, exigindo, em vez disso, fazer suas próprias seleções em relação a pisos, bancadas e cores de pintura. Eles querem fazer do jeito *deles*. Construir uma casa única é muitas vezes um fator muito importante para o controlador.

Quando se trata de seus debates com o controlador sobre a casa, você deve permanecer direta. Eles são pessoas diretas e práticas. Estão interessados apenas em informações necessárias, e não em detalhes indiferentes. Você não precisa trocar simpatias com um controlador, porque ele não será vendido com base em um relacionamento amigável. Ele ou ela vai tomar a decisão de comprar com base nas informações que eles acharem pertinentes.

Os controladores farão perguntas diretas. Ao responder suas perguntas, é importante fornecer respostas diretas. Seja franca e direta. Mas também aproveite a oportunidade para fazer perguntas depois que você as estiver respondido. Tenha cuidado para não entrar em uma briga de poder com o controlador.

É importante encontrar um equilíbrio que posicione o controlador em um papel dominante e, ao mesmo tempo, permita que você se posicione da mesma maneira e esteja tão segura para oferecer o que você tem a oferecer. Os controladores respeitarão sua confiança, assim como eles prezam os seus!

Outro fator incrivelmente importante na identificação e conexão com um controlador, é o seu nível de reação. Isso significa responder às suas perguntas em tempo hábil e agendar compromissos imediatamente. Obtenha respostas às suas perguntas no local. Se você não sabe uma resposta para uma pergunta, admita—nunca improvise. Busque a resposta imediatamente para que todos os assuntos sejam respondidos imediatamente. Controladores respeitam sua competência. Mantenha a experiência de compra em movimento. Assim, você aumentará sua relação de proximidade com os controladores. Quanto mais rápido é o serviço que você apresenta para ajudá-los a realizar seu objetivo de encontrar, comprar e fechar sua casa nova, mais controladores você converterá em compradores.

Quando se trata do fechamento, o controlador não tem medo de comprar no primeiro dia. Aproveite e faça a pergunta diretamente: *"Você quer comprar?"*. Eles não se ofenderão; apenas seja direta. Enquanto você procura selar o acordo, uma medida que é muito eficaz com os controladores é o fechamento imediato. Se você perguntar a um controlador se ele está interessado em comprar uma casa e receber uma resposta negativa, dê um pequeno empurrãozinho: *"Bem, se você não comprar, a outra pessoa o comprará"*. Deixe que o controlador saiba que alguém está interessado, e apenas um comprador sortudo levará. O controlador nunca quer perder o controle. O medo de perder o controle e a possibilidade de ter que se contentar com o segundo melhor como uma escolha alternativa, são grandes motivadores para eles.

Uma vez tomada a decisão de comprar, trate do contrato de compra de forma eficiente e voltada para os negócios. Vá direto ao ponto e só revise os detalhes importantes, não gastando mais do que 45 minutos para completar a papelada. Na maioria dos casos, o controlador vai querer entrar e sair do escritório. Atenda ao seu senso individual de urgência—isso aumentará suas chances de sucesso com o controlador toda vez.

O Analista

Analistas são pensadores. Eles são conscienciosos, pessoas racionais. O aperto de mão do analista provavelmente será curto e formal, direto ao ponto, mas não dominante. Semelhante ao controlador, o analista estabelecerá um relacionamento comercial com você, mas também será uma conexão intelectual. Embora muito inteligente, sua abordagem será de opositiva a assertiva. Eles tendem a ficar quietos com seus pensamentos enquanto processam o que você tem a dizer.

Como pessoas independentes, os analistas tendem a ser calculistas e relativamente frios em relação a tomada de decisão. Eles são ordeiros e organizados, e tendem a ser perfeccionistas. Uma verdadeira marca da personalidade do analista é a atenção aos detalhes. Como profissionais, eles provavelmente trabalham com fatos e números que indicam quais os tipos de detalhes influenciarão sua decisão de compra de um imóvel. Ser guiado pelos detalhes também significa que o analista é persistente e não desiste facilmente. Eles não se deixam distrair, e são incrivelmente meticulosos, o que significa que a decisão de comprar pode ser lenta.

É importante notar que a meticulosidade não indica uma incapacidade de tomar uma decisão. Em vez disso, significa que o analista só tomará uma decisão quando ele ou ela considerar que tem informação suficiente. Ao contrário do controlador que acha que está certo, o analista tem uma necessidade particular de não estar errado. Para as pessoas que se orgulham de poder entender informações quantitativas e chegar a uma conclusão clara, estar errado é uma das piores coisas que pode acontecer com elas. Ao trabalhar como corretora com esse grupo, uma de suas principais responsabilidades é honrar a necessidade de informações dos analistas, e ajudá-los em sua análise.

Se Ajustando ao Analista

Quando se trata de apresentar suas casas, uma ótima maneira de atrair o analista é mostrar a lógica e a funcionalidade por trás das plantas. Aproveite também todas as oportunidades para mostrar aos analistas as propriedades organizacionais da casa, seja um armário de toalhas em cada banheiro ou uma mesa embutida no escritório. Mostre-lhes características que relacionam com os aspectos ordenados e exigentes de sua personalidade para residências.

Sabendo também que o analista é atraído por números, converse com esses clientes sobre o preço por metro quadrado. Esse será um assunto que realmente funciona com eles. O analista também apreciará uma comparação de eficiência energética. Eles vão querer ver se você pode mostrar a economia exata que será feita por mês, e sua capacidade para mostrá-lo será um grande ponto para conseguir vender. Outra comparação a fornecer são as porcentagens das casas que vendem em sua comunidade. Por exemplo, se o Projeto 1 for responsável por 25% das suas vendas, o Projeto 2 por 40%, e os Projetos 3 e 4 pelos outros 35%, isso é um indicador instantâneo do seu projeto mais popular. Os analistas observarão que o Projeto 2 se traduz em melhor valor de revenda. Mais importante, os analistas irão comparar seus imóveis. Certifique-se de conhecer bem os concorrentes. Os analistas farão o dever de casa.

Eles são um grupo de clientes privilegiados para se compartilhar informações dos concorrentes, porque eles vão admirar o tempo, energia e raciocínio que você empregou em analisar as características e benefícios, enquanto formam uma comparação objetiva de seus imóveis e comunidades. Os analistas gostam de ver a análise comparativa de mercado, que podem ser a prova do valor que eles estão pensando em comprar de você.

Ao interagir com o analista, diminua o ritmo da sua apresentação. Se você costuma conduzir uma apresentação mais emocionante e otimista, tempere o ritmo para não sobrecarregar ou estimular demais o analista. Permita momentos de silêncio. Dê a eles a oportunidade de pensar e processar o que você está apresentando. Quanto mais eles absorverem das informações compartilhadas, mais as casas serão vendidas, e eles vendidos para a casa. Como os analistas são indivíduos muito precisos, é importante que você se lembre de ser exigente na forma como conduz sua apresentação, pratique a paciência com eles também. Você precisa ser detalhista e minuciosa junto com eles—nunca improvise. Conheça seus produtos.

Um analista não suportará ser enganado de forma nenhuma, e as chances são, porque são tão analíticos, de que eles vão perceber toda e qualquer de suas inconsistências. Esteja excessivamente preparada quando se trata de conhecer sua realidade, números e informações. Tente o seu melhor para não cometer erros, porque essas pessoas racionais perceberão. A maneira como você se relaciona com eles deve ser direta e séria; eles não costumam responder a uma informalidade com humor. Lembre-se de que o objetivo é se conectar melhor com o cliente, o que significa abordá-lo de maneiras que se sintam à vontade. Atender a sua exatidão e perfeição constrói sua confiança em você.

Em termos de fechamento, é menos provável que o analista feche em sua primeira visita na comunidade, mas isso não significa que ele ou ela não o fará. Uma consideração importante sobre o analista, é que eles provavelmente saberão exatamente como financiarão a casa. Se você for bem competente em discutir opções de financiamento, isso lhe dará uma vantagem em fechar com o analista mais cedo do que o esperado, porque ele ou ela se sentirá confortável com o seu conhecimento e experiência. No entanto, apenas discuta o financiamento com eles se puder fazê-lo com competência e com detalhes precisos—por exemplo, ajustar as projeções de juros e as projeções de impostos, dependendo do mês ou dia em que o novo imóvel for comprado. Se o seu cliente analista já tiver falado com um credor, você pode ter certeza de que ele ou ela irá comparar seus números com as informações recebidas anteriormente.

Além da parte financeira, pergunte aos analistas o que mais eles precisam para ajudá-los a se decidir: *"Quais outras informações você precisa para chegar a uma decisão?"*. Lembre-se também de perguntar: *"Há outras casas em que você está seriamente considerando?"*, para ter uma noção de sua comparação. Apele para o tipo de personalidade deles, com uma visão comparativa em que você mostra lado a lado, com quaisquer outras casas que possam estar considerando. Ao fornecer a eles toda a informação da concorrência e análise das opções, faça uma pergunta lógica. Pergunte-lhes se faz sentido fecharem com o seu imóvel, ou se eles acham que o seu imóvel tem qualidade e valores melhores.

Semelhante ao controlador, você não pode dar imediatamente estímulos ao analista. Ele perceberá isso como um ponto de partida para a negociação. Então, eles normalmente precisarão pensar sobre isso por um dia, e tentarão tirar mais proveito de você no dia seguinte. Mantenha a conversa focada em fatos e números. Pergunte ao analista: *"Essa é a casa que você realmente deseja ter?"*, e se a resposta for "Sim", siga em frente. Se o seu cliente analista não quiser fechar imediatamente, faça um acompanhamento diligente e certifique-se de fornecer informações ainda mais relevantes. Um dos melhores serviços que você fornece a um analista é uma informação oportuna—dê a eles o que precisam para tomar decisões do jeito deles. Lembre-se também de que a arte de fazer perguntas, consiste em usar com habilidade as perguntas para ajudar a orientar o pensamento do cliente.

Quando chegar a hora de fazer o contrato de compra, leve o tempo necessário para fazer a papelada. Seja a mais cuidadosa possível com o analista, repassando cuidadosamente o contrato de compra, as declarações, os relatórios, os documentos de associação à proprietária e assim por diante. Como parte de sua independência, os analistas podem querer lê-lo, mas você também precisa estar totalmente preparada para discutir todos os itens de suas declarações e relatórios. Você pode ter certeza de que o analista terá dúvidas, então esteja preparada para responder. Guie-os através de cada etapa do processo e você se guiará ao resultado desejado.

O Promotor

Promotores são conversadores. Eles são mais felizes se comunicando e se envolvendo com os outros. Muitas vezes, quando um promotor chega no seu estande de vendas, ele ou ela oferece um aperto de mão animado e vigoroso. Você sentirá muita energia sair desse indivíduo, e é assim que você pode diferenciar um promotor dos outros tipos de personalidades desde o início.

Os promotores são pessoas influentes e populares. Eles tendem a estabelecer primeiro um relacionamento não comercial. É importante que eles façam uma conexão amigável com você, porque desejam se divertir com a experiência de compra do imóvel. É verdade para esse grupo, que a compra de uma casa é uma *experiência,* e não um *processo*. Eles deixam transparecer suas emoções, para que você sempre saiba o que está acontecendo, e como eles se sentem com a experiência. O promotor é um verdadeiro "de pessoa para pessoa". Cativante, entusiasmado e divertido, o promotor procurará construir uma forte conexão com você.

Os promotores geralmente são espontâneos, portanto, você não precisa necessariamente agendar com eles com antecedência. Eles não são detalhistas. Eles são multitarefas, o que pode aparentar falta de foco. Preferem estar no momento e procurar experiências estimulantes, são facilmente distraíveis. Eles também são ambiciosos e assertivos. Os promotores gostam dos holofotes, o que significa que eles vão querer e esperam a sua atenção. No que diz respeito a compra, os promotores são rápidos em decidir. Sua necessidade de agitação faz parte do que os leva a tomar uma decisão.

Se Ajustando ao Promotor

Uma das áreas da casa favoritas do promotor é onde o entretenimento acontece. Se seus imóveis tiverem uma sala grande ou uma sala de estar que se abre para a cozinha, o promotor gravitará em direção a esse espaço, porque ele gosta de se divertir. Os promotores também adoram os quartos e banheiros, principalmente os recursos mais luxuosos de cada um. Os espaços externos são incrivelmente importantes, como áreas adicionais para conversar com as pessoas. Eles têm um estilo de vida grande e de qualidade—os promotores serão atraídos pelas comodidades da sua comunidade, como um clube, piscina ou cafeteria, onde possam socializar com outras pessoas. Eles também estarão interessados na proximidade da sua comunidade com artes, entretenimento, compras, vida noturna, ou outros locais públicos que contribuam para a vida social do promotor.

Ao apresentar a casa para um promotor, diga o nome deles. Eles gostam de ouvir seus nomes porque isso os fazem sentir importantes e amados. É importante que você reforce esse relacionamento de amizade, se dirigindo diretamente a eles como indivíduos. Como os promotores gostam de relacionamentos íntimos, é importante que você não afete negativamente o relacionamento que criou. Semelhante ao controlador, você não deve discordar do promotor na maior parte das vezes. O promotor deseja ser tratado de forma especial, o que significa atender aos sentimentos e interesses deles. Em sua apresentação, aproveite todas as oportunidades para enfatizar como o imóvel e a comunidade são especiais. Deixe-os entusiasmados com a ideia de morar na casa, fazendo as perguntas: *"Não seria empolgante se...?"*, ou *"Você consegue imaginar...?"*. Novamente, jogue com a importância das relações sociais em suas vidas: *"O que você acha que seus amigos vão dizer quando lhes mostrar sua casa nova?"*. O promotor se preocupa com o que as outras pessoas pensam, portanto, fazer perguntas que tragam essa influência, é uma ótima maneira de aumentar o sentimento de urgência.

Se você entusiasmar o promotor, ele ou ela não terá problemas em tomar uma decisão naquele dia. Pergunte-lhes se eles estão entusiasmados com a compra desta casa. Você pode simplesmente comandar a venda.

Quando obtiver a aprovação, simplifique o contrato de compra. O promotor provavelmente não sentirá a necessidade de ler o documento e estará imediatamente pronto para assinar. Certifique-se de que eles saibam detalhes importantes para poderem direcionar as expectativas para o que eles precisam fazer, mas, caso contrário, não os aborreça com detalhes. Mantenha as coisas em movimento e mantenha-as divertidas. Se você arrastar muito as coisas, o promotor pode começar a repensar as coisas. Torne a situação agradável, porque o promotor é o tipo principal de personalidade que promoverá você, sua empresa e seus imóveis.

Lembre-se de que os promotores são pessoas influentes e populares, além de experientes comunicadores. Não tenha medo de pedir referências, pois o promotor pode e trará mais negócios para você. Depois que o promotor comprar um de seus imóveis, sua comunidade será apresentada como a melhor da região. Conecte os promotores às casas dos seus sonhos, e eles conectarão você ao sucesso.

Se, por algum motivo, você não conseguir fechar com o promotor no primeiro dia, faça uma cativante ligação telefônica, e envie um e-mail com fotos coloridas da casa. Essas experiências confirmarão sua amizade e ajudarão o promotor a construir uma bela visão de seu novo lar em sua imaginação.

O Apoiador

Os apoiadores são ouvintes. Quando um apoiador te vê em seu estande de vendas, ele ou ela tende a ter um aperto de mão suave e gentil, talvez até um pouco frágil. Da mesma forma, afrouxe a sua pegada em retorno. Os apoiadores são pessoas extremamente amigáveis, mas de maneira silenciosa. Eles são muito atenciosos, enfatizando frequentemente como os outros se sentem, ao invés de como eles se sentem. São sensíveis ao que está acontecendo ao seu redor—uma das maiores qualidades do apoiador é a empatia, o que os torna muito sintonizados com os outros. Os apoiadores são mantenedores da paz e, como tal, tendem a ser agradáveis. Eles são muito dispostos e confiáveis, e geralmente fazem o que lhes é pedido. São muito cooperativos e compatíveis e, assim como os promotores, também são muito emocionais.

Como os apoiadores não são pessoas muito assertivas, eles podem ser difíceis de se ler. Como o analista, são um tanto reservados. Para eles, um relacionamento amável é absolutamente a coisa mais importante. Os negócios são a prioridade mais baixa da lista. O que eles precisam sentir mais é a confiança. Você precisa entrar em um espaço com eles, onde esteja trabalhando para construir um relacionamento solidário. Ao trabalhar com o analista, saiba que ele pode demorar para tomar decisões, e até mudar de ideia, mas na maioria das vezes, o apoiador envolve ou passa as decisões para outras pessoas. Esteja à disposição, e apoie-os na tomada de decisão. Eles também podem te pedir para ajudá-los a tomar uma decisão, ou permitir que você faça isso por eles.

Quando se trata de comprar uma casa, a força motriz do apoiador costuma ser a necessidade de aprovação de outras pessoas, e de agradar os outros. Os apoiadores levam todos de sua família em consideração, e tentam atender às necessidades de todos que moram e visitam a casa. Por colocarem tanta ênfase nos outros, segurança, proteção e família são incrivelmente importantes para os apoiadores. Ao envolvê-los no processo de compra da casa, procure entender e apoiar a busca deles para agradar outras pessoas. É assim que você conquistará o coração e a confiança do apoiador.

Se Ajustando ao Apoiador

O atendimento deve ser uma preocupação central para você ao trabalhar com apoiadores. Os apoiadores reconhecerão os esforços que você faz para atender às necessidades e interesses deles, porque é isso que eles fazem em seus próprios relacionamentos. Eles apreciam qualquer ato de bondade ou generosidade. Tais atos fazem com que se sintam mais confortáveis em suas mãos, e mais capazes na tomada de decisões.

Os relacionamentos pessoais são uma grande prioridade para o apoiador, portanto, ao vender para o apoiador, você também precisa vender para as pessoas com quem eles se cercam. Eles se preocupam com as pessoas em suas vidas, especialmente a família e os amigos—portanto, parte de sua apresentação deve abordar como o lar e a comunidade atenderão às necessidades daqueles com quem se preocupam.

Como pessoas extremamente voltadas para a família, os apoiadores são atraídos para salas de estar, e áreas como cozinha, sala de jantar e quartos—principalmente se forem de frente um para o outro. Se suas casas oferecem ou incluem uma lareira, mostre-a aos apoiadores como um local em torno do qual eles podem imaginar o aconchego e o prazer de uma família reunida em volta dessa lareira. As salas de jantar são um excelente ponto, porque os apoiadores gostam de saber que todos podem estar sentados à mesma mesa, jantando juntos. Um pátio ou área externa também atrairá sua atenção como mais um espaço familiar, assim como recursos como os pisos de madeira, que transmitem uma sensação de aconchego a casa. Se seus imóveis oferecem "casitas" e banheiros secundários para acomodar hóspedes, ou famílias maiores, isso pode ser um ponto a seu favor na decisão do apoiador em comprar. Os apoiadores gostam de saber que sua casa será um lugar para as pessoas virem e ficarem. Além disso, eles também apreciam o senso de vizinhança, e uma comunidade que preza a segurança.

Mais do que qualquer outro tipo de personalidade, o apoiador precisa sentir a presença do departamento de atendimento ao cliente da sua empresa. Os apoiadores querem saber se sua empresa estará lá antes, durante e após a venda. Como corretora profissional, você precisa estar de prontidão para o apoiador, fornecendo serviços de pré-venda e interagindo com eles em um nível significativo. Por exemplo, se um apoiador começar a falar sobre sua família e você perceber emoções surgindo, entre nesse sentimento. Peça a eles que lhe mostrem fotos, e mostre fotos você também—todas as fotos de sua família que você possa ter em sua mesa. Ao fazer isso, compartilhe uma história sobre esses que são importantes para você. Isso incentivará os apoiadores, e os levará a contar sobre sua própria família, que serão precisamente aqueles para quem eles desejam comprar uma casa. Se você se conectar com o coração dos apoiadores, você ganhará a confiança deles.

Semelhante ao analista, certifique-se de ser extremamente paciente com os apoiadores. Eles levarão mais tempo para decidir porque provavelmente têm mais de uma pessoa que estão tentando agradar. Use um tom suave e reconfortante ao conversar com eles para manter um nível de calma, pois o apoiador pode achar a experiência de compra de casas irritante até certo ponto.

Os apoiadores também apreciam oportunidades de dividir com você, por assim dizer. Se você estiver se reunindo com um apoiador em seu estande de vendas, e tiver meios para fazê-lo, ofereça café, chá ou água e um pouco de algo para comer. Enquanto você os leva para visitar as moradias, reserve um momento para sentar com eles nos sofás. Atos de hospitalidade imediatamente os colocam à vontade, e ajudam a criar um vínculo. Os apoiadores também gostam de presentes, então outro gesto interessante pode ser oferecer um símbolo, como uma caneta da empresa, quando eles saírem ou depois de assinarem. Os apoiadores apreciam até os menores atos de bondade.

Quando se trata de ajudar o apoiador a se comprometer com uma ação, pergunte como ele se sente. Uma ótima pergunta seria: *"Você acha que sua família seria mais feliz nesta casa?"*. Se você receber um

"*Sim*", continue imediatamente. Não dê tempo ao apoiador em mudar de ideia. Ao tentar fechar a venda, não pressione. E nunca deixe eles para pensarem depois—o apoiador deixará a oportunidade ser tirada deles simplesmente porque não gostariam de ser um problema, ou de ferir os sentimentos de outras pessoas.

Depois que o apoiador concordar com a compra, reafirme a decisão. Reforce a decisão de compra e diga ao apoiador que ele merece, e os membros da família também. Decida tocá-los em um nível pessoal. Ajude-os, de forma gentil, a ver e sentir que o lar é adequado para eles. Se você estabeleceu um relacionamento forte o suficiente com um apoiador, e sente realmente que a decisão de compra é a correta—que você fez seu trabalho com esse cliente, e está ajudando-o a tomar a melhor decisão para toda a família—conduza-o com delicadeza através do processo.

Se o apoiador parecer estar com medo, simplesmente comece a revisar o contrato de compra de maneira tranquila. Como os apoiadores são pessoas condescendentes, eles geralmente seguem o fluxo. Ajude-os a se sentirem confortáveis na decisão de compra, e você pode ter certeza que o resultado será alcançado.

Se você não fechar com o apoiador imediatamente, garanta que seus contatos sejam amigáveis e atenciosos. Aproveite a oportunidade para aprofundar o relacionamento.

Poder e Valor

Você não fechará com 100% dos clientes em potencial em toda comunidade, mas à medida que você se torna melhor em identificar e se adaptar com o tipo de personalidade do cliente, você aumentará sua taxa de vendas para próximo de 100% das vendas *possíveis*. Esse é o poder e o valor por trás do domínio das personalidades.

Recapitulando

• Você pode ter uma boa noção do tipo de personalidade de um cliente desde o aperto de mão. Ao encontrar um cliente, pergunte-se qual das CAPAs um cliente usa nas costas durante cada encontro. Também esteja ciente de qual deles você usa. Certifique-se também de mudar a sua CAPA, dependendo do tipo de pessoa com quem você está interagindo.

• Os controladores são criadores voltados para a execução, e tendem a ser muito assertivos, relativamente frios e bem decididos. Eles são os mais importantes de todos os quatro tipos de personalidade.

• Os analistas tendem a ser pensadores e calculistas, são relativamente frios. Eles não são muito assertivos e também são mais lentos para decidir devido à sua natureza meticulosa.

• Promotores são *socialites* falantes. Eles também são muito emocionais, o que significa que são compradores impulsivos, e tomam decisões espontâneas.

• Os apoiadores são os mais empáticos das quatro personalidades. Como os analistas, eles não são muito assertivos. Eles tendem a ser emocionais, mas são relativamente indecisos e geralmente atribuem aos outros as decisões importantes a serem tomadas.

Questões Fundamentais

- *"Meu nome é..., e você quem é?"*

Controlador
- *"Você quer comprar?"*

Analista
- *"Que outra informação você precisa para se decidir?"*
- *"Há alguma outra casa que você está seriamente considerando?"*
- *"É esta a casa que você realmente quer morar?"*

Promotor
- *"Não seria empolgante se...? Você consegue imaginar...?"*
- *"O que você acha que seus amigos vão dizer quando lhes mostrar sua casa nova?"*

Apoiador
- *"Você acha que sua família seria mais feliz nesta casa?"*

UMA APRESENTAÇÃO PERFEITA

"Procure primeiro compreender, depois ser compreendido".
— Dr. Stephen R. Covey

****

Lembro-me de uma visita, no meio da semana, que fiz a uma construtora em uma área de tráfego intenso. Em uma hora, quatro grupos de clientes visitaram o complexo de modelos da construtora— tráfego excelente, especialmente para o meio da semana. Notei, no entanto, que tanto os corretores quanto os assistentes permaneceram acampados no estande de vendas o tempo todo, respondendo às perguntas dos clientes, preenchendo as pesquisas dos visitantes e instruindo os clientes aonde ir para ver os imóveis disponíveis. Mais tarde, perguntei ao diretor de vendas: "Qual é a taxa de conversão de vendas deles?". Sua resposta foi de um porcento, o que significa que apenas uma em cada 100 pessoas que passavam pelo estande de vendas comprava uma casa. Esse é um número ridiculamente baixo.

Quando trabalhei na linha de frente, lembro-me, de um dia qualquer em um fim de semana, de grandes inaugurações com cerca de 300 a 400 pessoas presentes. Meu estande de vendas era uma competição só, o que significava que quem atendia e fechava a venda, ganhava toda a comissão.

Mesmo nos dias mais movimentados, eu passava um bom tempo nos modelos de casas com os clientes, conhecendo-os, apresentando os recursos, ajudando-os a escolher uma casa, fechando e concluindo contratos de compra. Como resultado, eu normalmente era responsável por 63 a 75% das vendas em cada uma das minhas comunidades. Não há melhor maneira de conquistar clientes e fechar negócios do que levá-los à uma apresentação perfeita.

****

Seus Modelos Decorados São Suas Vendas

Imóveis não se vendem sozinhos, você os vende. Pense nas suas casas modelo como seus ganhadores de dinheiro, e trabalhe com eles.

Esforce-se para passar um tempo de qualidade com seus clientes, ao contrário de buscar apenas contatos. Considere a perspectiva do cliente: visitar quatro ou cinco construtoras em um único dia, e ver de 12 a 15 modelos de casas. Existem muitas semelhanças no mercado de imóveis, e os modelos começam a se parecerem depois de um tempo. É difícil lembrar de todos eles. Às vezes, o cliente se lembra de uma casa em particular—por exemplo, se for excepcionalmente bem comercializada ou se o modelo for desconstruído para mostrar os materiais utilizados—mas, na maioria das vezes, o cliente se lembrará da experiência de serviço que você prestou!

Um verdadeiro corretor profissional não apenas expõe uma lista de recursos e benefícios, mas as demonstra e envolve o cliente. Além disso, é a chave para tocar os desejos e necessidades distintos de cada cliente, e diferenciar seus imóveis da concorrência.

Nas vendas de imóveis, a construtora, o departamento de compras, e a equipe de design estão incrivelmente resolvidos sobre os produtos e componentes escolhidos a serem inclusos em suas casas. Muitas vezes, a diferença de produtos de um novo imóvel para outro, está realmente nos detalhes. Considere as plantas, marcas de materiais, recursos, garantias, eficiência energética e muito mais—reconheça a importância de cada um desses aspectos e torne-se versada na comunicação de seus benefícios ao procurar apresentar o valor de seus imóveis. Ao apontar os recursos incluídos em suas casas, ajude os clientes a perceberem as diferenças nos detalhes, assim você os ajudará a diferenciar sua construtora e casas, de tudo o mais disponível.

****

Quando eu estava pensando em voltar ao ramo imobiliário como gerente de vendas, depois de tirar uma longa licença maternidade para criar meu filho, decidi anonimamente comprar uma casa dos corretores que eu lideraria. Em uma comunidade, notei um painel de plástico na garagem que não reconheci. Perguntei a um dos corretores o que era. Ficou claro para mim que ele realmente não sabia, pois eu não conseguia entender sua resposta. Então, perguntei a outro corretor. Dessa vez ele me disse que era uma tubulação de encanamento, mas não tive mais explicações.

Como um "comprador em potencial" que uma vez falou um monte de coisas para mim, para os clientes que estão entrando e pensando em comprar uma casa nova, essas respostas mal informadas podem fazer com que duvidem da competência e credibilidade dos vendedores e da qualidade dos imóveis. A falta de conhecimento do produto resulta em perda de vendas em potencial.

****

Você Define o Contexto

Na linha de frente, os profissionais de vendas têm o poder de fazer uma diferença significativa na mente dos clientes passando um bom tempo com eles, ao contrário de buscar quantidade de contatos.

São os corretores que definem o contexto para uma experiência maravilhosa de compra de imóveis, centrada no cliente e voltada à prestação de serviços. Em grande parte, apresentando as moradias enquanto continua a fazer perguntas incisivas e perspicazes. A maneira de oferecer a seus clientes um maravilhoso tour pelo modelo decorado, é envolver os sentidos, fazer com que eles vejam e toquem a casa, e se imaginem fazendo a mudança e morando lá.

Antes de Você Começar

Todas as manhãs antes de abrir, verifique se seus modelos decorados estão prontos! Verifique se o exterior está limpo e a varanda da frente está livre de insetos e teias de aranha. Pesquise o paisagismo para garantir que as plantas estejam vivas e verdes, sem lixo no quintal. A entrada de cada casa deve estar impecável. Verifique se janelas, espelhos e outras superfícies de vidro ou refletivas estão livres de manchas. Verifique se o piso está limpo. Endireite todos os móveis, incluindo camas e travesseiros, para que tudo pareça intocado e perfeito. Verifique se a tinta da parede interna e os rodapés estão impecáveis. Acenda todas as luzes e verifique se as lâmpadas estão funcionando.

É importante sentir a essência do perfume—algumas empresas americanas assam biscoitos para dar à casa um aroma atraente e reconfortante. O barulho também é importante. Mantenha o WD-40 à mão para que suas portas sejam lubrificadas e permaneçam sem ruídos. É sua responsabilidade garantir que seus modelos estejam impecavelmente limpos, que não haja odores desagradáveis nem sons incômodos. Ao procurar aprimorar a experiência do cliente, verifique se as condições negativas não prejudiquem as primeiras impressões dos clientes por suas casas. O ponto principal é que é a sua responsabilidade conferir seus modelos de cima abaixo, de ponta a ponta, todas as manhãs e noites, para garantir que eles estejam prontos para a hora do show.

Assuma o Controle

Depois de verificar cuidadosamente seus modelos para garantir que eles estejam prontos para os clientes, a primeira etapa para iniciar uma apresentação é assumir o controle de acompanhar o seu cliente até o modelo. Depois de ter uma conversa aprofundada com ele no estande de vendas, conduza-o para o primeiro modelo.

Sua condução pode ser: *"Vamos dar uma olhada em nosso modelo decorado"*. Ou, se o modelo que você tem disponível for diferente do plano que o seu cliente está considerando, basta ajustar seu convite de acordo: *"Embora a casa modelo seja diferente do plano que eu acho que você gostaria mais, vamos dar uma olhada nesse modelo que mostrarei, para você ver como são semelhantes e apresentam algumas de nossas comodidades"*. Use seu modelo decorado para demonstrar o valor de suas casas, até quando você não possuir o modelo que o cliente procura.

Seja Metódica

Comece com o Exterior

Uma boa apresentação de modelo decorado é relativamente metódica. Ao sair do seu estande de vendas, comece pelo exterior do primeiro imóvel. Ao sair do seu estande de vendas, faça uma pausa na calçada, o mais longe possível, em frente ao seu primeiro modelo, sendo o único que você possui ou o primeiro de vários. Escolha um lugar para parar onde houver uma visão abrangente. Comece a apontar e descrever os recursos de design exterior. Se você tiver vários tipos de elevações em sua comunidade, descreva e aponte as diferenças estilísticas de cada uma.

Talvez sua comunidade tenha estilo espanhol, mediterrâneo e italiano, ou talvez você tenha versões contemporâneas e tradicionais. Seja qual for o caso, aponte as diferentes linhas de telhado, padrões de grade das janelas, arcos sobre portas, barras decorativas, a porta da frente, varanda, números de endereços, calhas e rufos, e muito mais. Reserve um tempo para ajudar os clientes a apreciar a atenção da construtora aos detalhes, os recursos estéticos da casa e a qualidade da construção. Um meio-fio agradável afeta fortemente a receptividade de um cliente ao passar pela porta da frente.

Agora Passe para Dentro

Depois de chamar a atenção para os detalhes do lado de fora, entre pela porta da frente e faça uma pausa na entrada. Permita que o cliente tenha uma visão abrangente e sólida do interior da casa. Faça uma pausa longa o suficiente para que a primeira impressão do interior seja absorvida.

Se você tem uma casa modelo grande, posicione seus clientes onde seus olhos podem viajar através dos espaços interiores, salas e até áreas ao ar livre. Provavelmente, uma casa maior é uma casa mais cara, portanto, lembre-se de apontar onde está esse valor.

Por exemplo, em muitos imóveis da Costa Leste dos EUA, as salas matinais são um recurso comumente desejado, pois ampliam a cozinha e a área das refeições. A inclusão dessa opção pode não apenas ser altamente desejável, mas também pode significar a adição de 3-5 metros quadrados. Da mesma forma, a opção de colocar um porão em uma casa específica pode adicionar alguns metros quadrados úteis, e um preço que cria um tremendo valor.

Ao abordar essas questões e o modelo como um todo, observe como os clientes respondem às diferenças nas plantas e configurações das casas. Muitas pessoas têm fortes preferências em relação a localização do quarto principal ou a localização da sala de estar. Faça perguntas sobre essas preferências espaciais e esteja preparada para apontar e discutir diferenças e opções.

Guie os seus clientes para conhecerem cada cômodo da casa, de diferentes ângulos, e certifique-se de identificar os detalhes arquitetônicos que eles podem achar atraentes ou únicos. Envolva-os na experiência do modelo, fazendo perguntas que os incentivem a considerar cuidadosamente a casa para o uso pretendido.

Ao olhar para os prováveis imóveis, os clientes trazem diferentes necessidades e desejos em relação à forma e função de cada quarto. É seu trabalho descobrir e atender aos desejos deles. Ao mostrar cada sala, salpique sua apresentação com perguntas de teste, como: *"O que você acha?"*, ou *"Como você usaria/decoraria esta sala?"*, e *"Como seus móveis se encaixam aqui?"*. Essas perguntas de teste ajudam a mostrar como você está indo e o quanto o cliente gosta da casa até agora. Você pode descobrir que está no caminho certo ou que precisa de ajustes.

Sala de Estar

Ao guiar seus clientes para as áreas de estar, incentive-os a recuar, como se estivessem na perspectiva de um fotógrafo, para que eles possam assimilar todo o espaço. Convide-os a se sentarem nos móveis, para que experimentem como seria agradável passar um tempo naquela sala. Faça-lhes perguntas: *"Como seus móveis ficariam nesta sala?"*, ou *"Como você decoraria esta sala de estar?"*, e *"O que você acha do teto estilo caixotão, das janelas, dos arcos e gessos apresentados nesta casa? Não é bonito?"*.

Concentre-se nos recursos incluídos, como a altura do teto e tamanho da bancada, se houver uma abertura entre a cozinha e a sala de jantar/estar. Chame a atenção para recursos como iluminação embutida, ventilador de teto, lareira, e interruptores de luz. Nunca presuma que os clientes observarão esses detalhes—ajude-os a apreciar a qualidade da construção e atenção aos detalhes.

Cozinha

A cozinha é um lugar interessante e é o espaço onde as pessoas geralmente têm exigências muito específicas. Certifique-se de desacelerar a apresentação na cozinha. Você pode começar com uma pergunta realmente básica, mas interessante: *"Você gosta de cozinhar?"*.

Faça observações do tipo, se os armários têm 90 cm ou 1 metro de altura, se há molduras bonitas acima dos armários, ou se há espaço em cima para itens decorativos, ou mesmo se eles chegam até o teto. Chame a atenção para prateleiras totalmente ajustáveis e gavetas com fechamento suave. Mostre o tamanho do balcão e envolva o cliente perguntando: *"Quantos banquinhos você acha que poderiam caber aqui?"*. Certifique-se de citar as marcas dos eletrodomésticos e seus recursos e benefícios.

Lembre-se de que você pode fazer com que até os recursos mais comuns pareçam ótimos. Mesmo que seus imóveis sejam construídos igual ao de todo mundo, se você apontar os recursos incluídos e apresentá-los como produtos de qualidade, estará criando valor na mente do cliente. Construir associações fortes entre sua casa e um estilo de vida aprimorado pode significar a diferença na tomada de decisões de um cliente. Conduza-o a visualizar e experimentar a casa como se fosse a dos seus sonhos.

Suíte

Para muitos compradores de imóveis, a suíte é um grande atrativo. Da mesma forma como entrou pela porta da frente, pare na entrada da suíte e dê tempo ao cliente para realmente observar essa área íntima. Mostre o tamanho e o formato do quarto, todos os espaços adjacentes e os posicionamentos da janela. Incentive os clientes a se visualizarem nesse espaço, continuando a fazer perguntas: *"Qual é o tamanho dos seus móveis?"*, e *"Como você acha que seus móveis se encaixariam aqui?"*. Incentive-os a imaginar seus móveis no espaço e ver como se sentem. Incentivar os clientes dessa maneira fortalece sua ligação com o espaço. O objetivo principal em uma apresentação perfeita é levar o cliente a se mudar mentalmente para dentro de casa.

Espaço Externo

Para muitas pessoas, o espaço externo é tão importante quanto o espaço interno. Portanto, leve seus clientes para o quintal para que eles possam experimentar o espaço ao ar livre, em vez de apenas visualizá-lo pelas janelas de dentro.

Mesmo se o espaço externo estiver inacabado, leve-o para fora para que eles possam ter uma visão dos fundos da casa. Peça-lhes que visualizem um pátio coberto, deck, varanda, piscina ou qualquer outra opção que possa estar disponível para eles. Passar um tempo no quintal geralmente ajuda os futuros proprietários a terem uma ideia do relacionamento com os vizinhos, e o grau de privacidade que eles desfrutam. Ver a casa de fora também é uma oportunidade perfeitamente adequada para discutir rapidamente as calhas e rufos, cobertura e qualquer outro recurso que ajude a demonstrar o valor e a qualidade de construção de suas casas. O espaço externo, principalmente o quintal, concede uma perspectiva totalmente diferente—e muito reveladora—da casa e da propriedade. Isso os ajuda a imaginar como seria se o imóvel fosse deles.

Despensas

À medida que você percorre um imóvel, chame a atenção para todo o espaço de despensas. Abra todos os armários e mostre ao cliente como o espaço é propício para suas necessidades de armazenamento. Muitas pessoas se preocupam profundamente com a organização da casa e a despensa é uma parte importante nisso, seja na forma de um armário na entrada para convidados, ou de um armário de roupas e toalhas no corredor ao lado do banheiro, ou de um closet na suíte principal.

Ajude os clientes a imaginar como eles usariam cada espaço de despensa como se estivessem morando lá. É assim que você os orienta a tomar posse da casa. Embora possa parecer trivial, cada espaço influencia na experiência de compra da residência, e interfere no processo de tomada de decisão do cliente.

Garagem

A garagem geralmente é uma parte muito importante da casa e pode ser o verdadeiro ponto da venda para os compradores. Embora a garagem não seja considerada parte da metragem quadrada utilizável, há muitos pontos a serem levantados nesse espaço. Você pode falar se a porta da garagem está ou não isolada; as alturas do teto e da porta; se a garagem possui porta automática ou se está incluída; se houver porta lateral; e o número de tomadas disponíveis. Se as paredes possuírem acabamentos e se o piso for vedado, será um ponto maravilhoso de conversa, especialmente para o comprador que gosta da garagem como uma extensão agradável da casa. A garagem é geralmente o local ideal para conversar sobre a fundação da sua casa, principalmente se for de concreto, por exemplo. Mesmo o quarto mais simples, e menos glamouroso da casa se torna impressionante quando se presta atenção aos detalhes, mostrando como tudo realmente importa.

Em Construção: O Passeio com Capacete

Se acontecer de você vender imóveis que ainda não foram construídos ou que estão em construção, e não tiver um modelo decorado, concentre-se no que pode mostrar, como por exemplo: o condomínio que está sendo construído, a qualidade da construção e da planta baixa. Discuta as técnicas de concepção, paredes, fundação, tubos de encanamento, fiação elétrica e dutos. Chame atenção diretamente para as marcas usadas em cada uma delas, bem como as marcas das unidades de aquecimento e ar condicionado, vasos sanitários, tinta da parede, eletrodomésticos etc. Além disso, mostre os recursos e benefícios de cada produto energeticamente eficiente, bem como as garantias da marca. Você não precisa de uma casa pronta para vender valor, qualidade e a planta. Na verdade, uma casa em construção pode lembrar você e ao cliente dos materiais e itens que são dados como garantidos.

Aproveite todas as oportunidades para mostrar aos clientes como, quando, onde e por que você está criando a melhor experiência de compra—e vida—possível para eles, mostrando o que há dentro de suas paredes, sótãos e terrenos.

A Hora do Lote

O ótimo conhecimento do produto permite que você crie vitórias para todas as partes envolvidas. Quando você entender completamente sua empresa, os produtos que está promovendo, os serviços que está representando e os benefícios de tudo, você saberá as perguntas adequadas para acessar as necessidades dos clientes à medida que elas surgirem, e estará bem equipada para recomendar a melhor solução possível.

Depois de guiar o seu novo comprador através do modelo decorado, oferecendo uma apresentação completa das qualidades, recursos e benefícios dentro e fora do imóvel, basta perguntar: *"O que você acha desta casa?"*. E então ouça. Escute o feedback deles. Permita que eles expressem suas considerações e façam perguntas. As respostas dos clientes são um indicador do quão bem você apresentou a casa e para qual direção você deve seguir. Nesse momento, você pergunta: *"O que você acha dessa planta?"*, e *"Esta é uma casa que você gostaria de ter?"*. Então, assim como você tomou as rédeas para apresentar o modelo, agora é hora de assumir o controle para mostrar os lotes para a casa do cliente—para ajudar a selecionar o lote da nova casa, ou para selecionar o conjunto de unidades de um novo condomínio. Se o cliente desejar avançar, corresponda ao seu entusiasmo e mantenha o ritmo: *"Ótimo, vamos dar uma olhada nos lotes disponíveis"*.

Recapitulando

• A apresentação perfeita inclui orientar seus clientes pela casa usando todos os sentidos, enfatizando a visão e o toque.

• Preste atenção na configuração da planta e na qualidade das comodidades da casa. Fale dos recursos, benefícios, marcas e garantias.

• Diminua a velocidade dos clientes e leve-os a experimentar o valor de todas as salas, em todos os espaços, com relação a todos aspectos físicos e experimentais.

• A medida que você avança na apresentação, faça perguntas de teste que o ajudarão a medir o seu desempenho e avaliar o que o cliente está pensando ou sentindo.

Questões Fundamentais

• *"O que você acha?"*
• *"Como você usaria e decoraria esse quarto? Como você acha que seus móveis se encaixam aqui?"*
• *"O que você acha desses recursos?"*
• *"O que você acha dessa casa?"*
• *"Essa é uma casa que você gostaria de ter?"*
• *"Ótimo, vamos dar uma olhada nos lotes disponíveis"*

COMO ESMAGAR A CONCORRÊNCIA

"No amor e na guerra vale tudo".
— Francis Edward Smedley

****

No início da minha carreira, eu estava vendendo uma comunidade em Elk Grove, Califórnia. Eu era jovem, apaixonada e muito inexperiente. Um dia, uma mulher chamada Judy chegou com um grupo de amigos. Judy me disse que estava procurando um lar para o irmão e a família dele. Fiz perguntas sobre o irmão e a família para entender melhor suas necessidades e desejos. Fiz um passeio com Judy e seus amigos em cada uma de nossas casas modelos. Após a visita deles, segui incansavelmente em contato com Judy, mas sem sucesso. Não até meses depois, quando vi sua imagem gigantesca na enorme tela do Prêmio MAME, e soube que Judy não era uma cliente potencial, mas minha concorrente—e que ela havia se feito de cliente oculta comigo. Naquele momento, percebi que "no amor e na guerra vale tudo" ... e nas vendas de imóveis também.

****

Desempenhe Sua Devida Diligência

Existe uma coisa que todo Corretor de Imóveis deve lembrar, que é: **D**esempenhe Sua **D**evida **D**iligência, ou os três Ds. Atualmente, não basta conhecer o seu produto por dentro e por fora. Você deve ser um especialista em conhecer sua concorrência também.

No mercado competitivo de hoje, os consumidores estão mais espertos do que nunca, porque têm fácil acesso às informações na internet. As pessoas fazem o dever de casa para garantir que obterão a melhor compra possível. Ao comprar uma casa nova, os compradores querem sentir que estão obtendo o melhor valor pelo seu dinheiro. Manter-se atualizada com esses consumidores esclarecidos e voltados para valores, significa conhecer todos os recursos e benefícios, ou a falta deles, na concorrência. Posicione-se melhor profissionalmente, e ajude seus clientes a tomarem decisões acertadas. Conhecimento é poder e, no contexto de vendas de imóveis, não há nada que a sirva melhor do que desempenhar sua devida diligência estudando a concorrência.

Tipos de Concorrência

No geral, existem três tipos de concorrentes de imóveis. Primeiro, existe a concorrência de imóveis novos. Esse setor é responsável pelo maior número de concorrentes, pois essas casas oferecem as opções mais comparáveis para os consumidores escolherem. Segundo, há a concorrência de casas de revenda. Terceiro, tem a concorrência no atual imóvel do cliente. Quando as pessoas estão comprando uma casa nova, é importante não ignorar o prazer que elas têm com sua residência atual.

Com todo tipo de competição, há um conjunto único de desafios a serem enfrentados. Mas, quando se trata de conhecer a concorrência, há quatro áreas que serão sempre mais valiosas: Pessoas, Preços, Plantas e Produtos.

Os Quatro Ps

Pessoas (Vendedores)

A parte mais importante de conseguir vencer a concorrência em imóveis novos, é conhecer os corretores da concorrência. É uma questão de com *quem*, não do *que* você está competindo. Os vendedores são absolutamente fundamentais no processo de tomada de decisão de um cliente quando se trata de comprar uma casa nova. Como o rosto de uma empresa, você representa não apenas o grau de atendimento dela, mas também o valor, a qualidade e a integridade dessa empresa.

Então, você deve descobrir o quão bem a sua concorrência vende. Você deve aprender como seus concorrentes interagem com os clientes. Você deve descobrir como e quão bem sua concorrência acompanha os clientes. Mais importante, você deve descobrir o que a concorrência diz sobre a *sua* empresa e os *seus* imóveis. Como qualquer atleta profissional de times esportivos sabe, estudar as pessoas do time adversário e como ele joga o jogo é, antes de tudo, "jogo limpo". Em segundo lugar, é essencial contra-atacar para obter uma vantagem.

****

Do outro lado da rua da minha comunidade em Elk Grove, havia outra comunidade nacional de construtores de imóveis. Estávamos constantemente emparelhados na busca de vendas. Após minha experiência com Judy, decidi tentar ser uma cliente oculta, e visitei meu concorrente do outro lado da rua.

Tirei o dia de folga, em roupas casuais, com rabo de cavalo e óculos escuros. Peguei emprestado o carro da minha irmã e cheguei como uma cliente qualquer. Meu concorrente, Patrick, prontamente me cumprimentou em sua mesa e, a partir daí, começou sua apresentação inicial, falando sobre a Área, sua Construtora e a Comunidade. Como parte de sua apresentação, ele me acompanhou até o mapa da região e apontou as escolas, shopping centers e parques, bem como o relacionamento de sua comunidade com as rodovias e as principais estradas.

Ele então apontou para a minha comunidade e enfatizou como ela se apoiava nos trilhos do trem! Sua comunidade estava do outro lado da rua. Embora não houvesse uma diferença realmente considerável no nível de ruído entre os locais de nossas duas comunidades, ele havia escolhido um recurso específico e o usado para diferenciar negativamente minha comunidade da sua. Ele estava, na verdade, batendo nas minhas propriedades como parte da estratégia de vender sua apresentação inicial. Essa informação foi mais importante do que saber algo sobre preços, incentivos ou comodidades do concorrente. Experimentar como ele se vende contra nós, foi a melhor informação que eu pude obter.

Assim, eu adquiri um pouco de conhecimento, e pude ajustar minha própria apresentação para destacar nossa localização, e como todo mundo adora o trem, o que foi evidenciado pelo nosso sucesso de vendas. De fato, nosso mapa da comunidade na mesa superior, tinha um trem elétrico da Lionel em volta.

Sendo Cliente Oculto

A venda de novos imóveis é um campo incrivelmente competitivo e gratificante, que espera que seus profissionais estejam constantemente na linha de frente, prontos para ganhar uma venda. Ser cliente oculto do seu concorrente te prepara para a vitória, informa as opções dos clientes e permite que você fique mais atenta ao que seus compradores podem estar procurando. O cliente oculto pode informa-la sobre as atividades de marca, marketing, modelagem, turismo, e outros procedimentos relacionados que estão acontecendo no seu setor para que você possa se manter atualizada e pronta, com suas próprias práticas.

O que Significa Ser Cliente Oculto?

A média dos corretores de novos imóveis, "compra" na concorrência visitando-os para assim ter acesso a uma lista de preços, analisar os modelos e obter uma cópia das plantas.

Eles geralmente se apresentam, e falam da empresa em que trabalham. Eles podem fazer algumas perguntas como *"Quantos lotes você tem?"*, ou *"Quantas casas foram vendidas?"*, ou *"Quais são suas vantagens?"*, e em seguida, visitam os modelos em minutos e vão embora. Este método, no entanto, apenas arranha a superfície em termos de obter informações úteis. Quando você for cliente oculto, torne a experiência uma questão de reconhecimento, realizada de forma anônima. Caso contrário, você se entregará.

Se você chegar à casa modelo de um concorrente no belíssimo carro de luxo em que leva os seus clientes, ou se usar roupas formais e crachá da empresa com seu nome, estará dizendo a seus concorrentes exatamente quem você é, e assim, perderá a oportunidade de ganhar melhor informação interna. Se eles a identificarem como uma concorrente, apenas informarão ou mostrarão o que desejam informar, que é basicamente o que você já pode encontrar no folheto da empresa, e na lista de preços online. E o que você deseja na verdade obter, é a informação detalhada que é fornecida aos clientes em potencial.

Aqui vão algumas dicas: vá nos seus dias de folga. Se você tiver a opção, abandone o carro de luxo e adote uma marca e modelo menos óbvios. Apareça em jeans, sapatos confortáveis e uma camiseta. Esconda-se atrás de óculos de sol ou de outros acessórios, se tiver mais chances de ser reconhecida. Crie uma história completa com um nome falso, local de trabalho, localização residencial atual, estrutura familiar, motivo da mudança—todas as respostas para todas as perguntas típicas que seriam feitas pelos corretores de imóveis, para que sua história saia sem problemas. Vá até o ponto de estabelecer um endereço de e-mail anônimo que você pode fornecer às comunidades em que visita, para conhecer as práticas de acompanhamento dos concorrentes. Esse tipo de preparação para reconhecimento lhe dará acesso a vantagens incríveis sobre a concorrência.

****

Ao ser uma cliente anônima, você obterá um retrato mais honesto da concorrência. Você descobre se o vendedor faz ou não um esforço para cumprimentar os clientes, aperta as mãos, faz perguntas e os leva para visitar os modelos decorados. Você descobre o quão gentil eles são. Ser cliente oculto serve como forte motivação para saber o que outras imobiliárias fazem ou, mais frequentemente, não fazem. Ao saber o que os concorrentes não fazem, você pode ter certeza de que, se você fizer tudo o que deveria, terá a vantagem.[*]

Preços

A estrutura de preços de uma construtora, incluindo suas opções de aprimoramento, é outro aspecto importante de sua diligência. Os custos iniciais e os serviços inclusos no valor, são o que determinam a capacidade do comprador de obter com sucesso uma propriedade desejada. Os clientes estão constantemente tentando determinar qual casa vale o que está sendo ofertado. Ser capaz de falar informativamente aos seus clientes sobre o preço das opções de um concorrente, é extremamente útil para ajudá-los a fazer comparações entre as suas casas e de outras construtoras. Isso é verdade se suas casas são mais caras, mas incluem aprimoramentos como recursos padrão. Então, quando estiver se fazendo de cliente oculto, tente obter os preços das opções deles.

Neste momento, você pode estar pensando que o que estou sugerindo seja realmente extremo e talvez até ousada demais, mas eu não acho que seja. É certo dizer, porém, que é extremamente

---

[*] Se você tiver perguntas ou interesse em aprender a ser cliente oculto, me ligue ou mande mensagem no +1 (916) 768-5525 para uma consulta gratuita.

competitivo. Mas, assim como todas as construtoras são obrigadas a disponibilizar suas opções aos clientes em potencial antes de comprarem, o preço das opções deles também devem estar disponíveis antes da compra. Se você e sua empresa estão perdendo vendas para um concorrente, compare maçãs com maçãs e encontre o melhor preço para o imóvel, incluindo os extras da casa. Muitos de seus clientes fazem isso, principalmente os analíticos.

Plantas

Ao comparar informações com a dos concorrentes, é importante obter cópias das plantas. Faça anotações sobre como as plantas baixas deles diferem das suas. Isso significa observar os recursos que estão ou não incluídos em cada uma delas, considere se o design de uma planta faz sentido, e se aumenta ou diminui o seu valor, e entenda como o layout da mobília e a dinâmica do design influenciam a moradia. É fundamental que você seja capaz de falar dessas características com os seus clientes.

Produtos

Conseguir a lista de recursos de um concorrente ou fazer anotações sobre seus produtos, também é útil para avaliar a concorrência. Diferentes marcas de produtos têm um peso diferente sobre o público consumidor. Ao conhecer as escolhas de produtos de um concorrente, você poderá responder melhor às dúvidas do comprador em relação a garantias e benefícios, e como as características de um produto estão relacionados às expectativas em relação a seus futuros lares. Ao aderir aos Quatro Ps, e aos Três Ds, você poderá com sucesso, conhecer—e esmagar—sua concorrência.

Tire Fotos

Conforme mencionado na descrição dos Quatro Ps, reúna as plantas baixas, as listas de produtos e as listas de preços, mas também tire várias fotos coloridas conforme você visita os modelos decorados, capturando todos os recursos possíveis.

Uma das razões para se tirar fotos, é ajudá-la a lembrar dos detalhes das casas de seus concorrentes. A medida em que você sai e se transforma em cliente oculto em diferentes concorrentes, é importante que você consiga se lembrar de itens específicos e diferenciar atributos com precisão. Ao trabalhar de perto com um cliente, ajudará se você falar de outras residências de maneira bem entendida. Ao se fazer de cliente oculto, gaste o tempo que precisar nas casas modelo das diferentes construtoras, examinando suas plantas e tirando fotos, bem como fazendo anotações da decoração para ajudar a definir e diferenciar as propriedades.

As chances são de que os compradores também lembrarão da decoração antes de lembrar a metragem quadrada ou o nome da planta. É imperativo fazer anotações sobre onde suas plantas e dos concorrentes são comparáveis e diferentes, para que você possa abordar prontamente os interesses dos compradores.

Como forma de organizar as especificações coletadas, as fotos tiradas e as anotações feitas, mantenha um caderno de concorrentes sempre atualizado, em todos os momentos. O objetivo desses livros de concorrência é mostrar aos compradores, literalmente—e não apenas informar—como suas propriedades se comparam. Ter amostras tangíveis e definidas de informações e imagens do concorrente é uma maneira atraente de envolver os clientes em uma comparação de qualidade e valor, em relação à sua própria comunidade. É um desafio lembrar de todos os recursos dos produtos e plantas de cada construtora, mas com as informações na ponta dos dedos, você estará preparada para realizar as comparações lado a lado com os compradores. Saber quais outras opções os clientes estão explorando é vital para sua capacidade de vender seus imóveis.

Manter um livro detalhado sobre os concorrentes, voltado para o consumidor, servirá para converter mais clientes potenciais— principalmente clientes analíticos que desejam todos os fatos. Esteja sempre preparada para ajuda-los a compararem. Essa é uma das características principais de um verdadeiro especialista em venda de imóveis!

Competindo com Casas de Revenda

Ao se envolver com os clientes, é importante ter uma ideia de quais outras opções eles estão considerando. Pergunte aos seus compradores: *"Existem outras construtoras que você está pensando seriamente?"*. Se você os estiver acompanhando por seus modelos decorados, peça licença e dê a eles algum tempo para observarem sozinhos. Volte para o seu escritório e revise seus arquivos e anotações para estar preparada para responder as perguntas deles.

Além de conhecer os pontos mais sutis dos imóveis novos dos concorrentes, você também deve ter um conhecimento prático de outros aspectos da indústria da habitação. Seus clientes podem estar interessados em oportunidades de novas casas, mas também podem estar considerando casas de revenda.

Conhecer o mercado de revenda é uma parte essencial do processo de esmagar a concorrência no mercado atual. Você precisa saber o que procurar. Por exemplo, o tempo em que uma propriedade foi listada, quaisquer alterações no preço, se os recursos e as comodidades dessa propriedade foram modernizados recentemente. Incorpore as casas de revenda em seus livros de concorrentes, e esteja preparada para fazer perguntas aos seus clientes, como: *"Você já pensou em quanto vai custar para modernizar, consertar, repintar, encarpetar ou redecorar um imóvel já existente?".*

A maioria dos imóveis novos são relativamente comparáveis a imóveis com menos de 10 anos. Se você não tem acesso a um Serviço de Listagem Múltipla (MLS) na sua área ou país, você definitivamente precisa conseguir dados. Muitas construtoras ignoram essa fonte de informações importante. Quando você tiver acesso às casas de revenda listadas na sua área, poderá acompanhar as taxas de venda e os preços em que essas casas estão sendo vendidas, além de informações adicionais sobre a concorrência.

Quando se trata de trabalhar com o cliente, é sua responsabilidade fornecer o melhor serviço de vendas a eles, ajudando-os a comparar suas casas com qualquer uma que possam estar considerando. Ganhar um cliente exige gerar exemplos de como os recursos dos seus imóveis os beneficiará mais do que o da concorrência, e fazer isso sem humilhar o concorrente, para não insultar as escolhas do cliente.

Lembre-se de enfatizar os benefícios de suas residências novas, e de ilustrar como uma casa nova permite que os clientes se sintam confiantes com o que estão adquirindo—eles acabam comprando uma casa que não está atropelada pela idade ou negligência. Se você tiver todas as informações comparativas ao seu alcance, poderá discutir abertamente e honestamente as opções, de maneira que não afete os interesses de seus compradores, mas que realce positivamente seu novo imóvel.

Recapitulando

• Siga os Três Ds: **D**esempenhe Suas **D**evidas **D**iligências. Realize pesquisas e faça seu dever de casa.

• Torne-se um cliente oculto e observe os Quatro Ps: **P**essoas, **P**reços, **P**lantas e **P**rodutos. Preparação é a chave.

• Analise cuidadosamente seus concorrentes e compile seus livros de concorrentes para que você tenha um conjunto completo de informações ao alcance dos seus dedos, que a ajudarão a apresentar a superioridade de seu imóvel.

• Ao guiar seus clientes pelo processo de tomada de decisões, descubra o que eles estão seriamente considerando, fazendo perguntas.

Questões Fundamentais

• *"Eu conheço as pessoas, preços, plantas e produtos da concorrência?"*
• *"Estou sendo estratégica e cautelosa como cliente oculto da concorrente?"*
• *"Eu tenho uma boa identidade, estória e informações de contato para apoiá-la?"*
• *"Existem outras construtoras que você está pensando seriamente?"*
• *"Você já considerou o quanto vai custar para modernizar uma propriedade já existente?"*

CONTENDO AS CONTINGÊNCIAS

"Eles têm uma casa para vender?"

– Todo Gerente Imobiliário

Lembro-me de trabalhar na linha de frente como corretora de imóveis, da incrível sensação de conseguir uma venda, e a pergunta previsível da gerência: "Eles têm uma casa para vender?". Uma das primeiras coisas que meu chefe queria saber sobre cada venda era se o cliente era ou não contingente. Aquela pergunta se a venda era viável ou não—e mais ainda: "Contará para este trimestre?", ou "Será fechado até o final do ano fiscal?" —é sempre importante nas vendas de imóveis. Os clientes se perguntam se realmente poderão comprar a casa nova. As construtoras se perguntam se realmente devem começar a construir uma casa. As construtoras nacionais se perguntam se eles atenderão às estimativas de ganhos. Os acionistas se perguntam se eles receberão um bom retorno sobre o investimento.

Ao longo da minha carreira, identifiquei várias das melhores técnicas para acessar a probabilidade de a casa de um cliente ser vendida, para fechar rapidamente a venda e, assim, aumentar a probabilidade de que o novo imóvel seja fechado com o depósito do dinheiro dessa casa, imediatamente após a conclusão.

****

Sua capacidade de conseguir vendas viáveis, que fechem na hora, é fundamental para fornecer à sua empresa e clientes, o melhor serviço possível. E o prazo para vender a atual casa do seu cliente, é uma parte significativa para fazer exatamente isso. Contingências podem fazer ou quebrar um acordo. Você precisa fazer tudo o que puder para ajudar seus compradores na venda rápida de suas residências. Pegar uma contingência em que a casa é muito cara é uma perda de tempo, energia e dinheiro para todas as partes envolvidas.

Faça Perguntas ao Cliente

O esclarecimento dos detalhes é essencial quando você tem um cliente que decidiu avançar com a compra de uma de suas casas, mas tem uma casa para vender primeiro. Faça perguntas objetivas que te mostrarão imediatamente as condições com as quais está lidando: *"Quando você comprou sua casa?"*, para descobrir há quanto tempo eles a compraram; *"Quantos anos tem a casa?"*, para avaliar quais fatores e recursos podem afetar a venda; e *"Quanto você pagou por ela?"*, para avaliar se seus clientes têm ou não capital suficiente na casa para vendê-la.

Perguntar o quanto alguém pagou por um imóvel pode parecer um pouco desconfortável, mas esse é o momento em que você realmente ousa ir a fundo. Na maioria dos casos, a capacidade de um comprador de concluir a compra de um imóvel depende completamente do fechamento bem-sucedido da venda de sua casa atual, o que significa que o patrimônio é um fator imenso. Você também pode perguntar aos clientes se eles conseguiram dinheiro com a casa ou se existe uma segunda linha de crédito hipotecário ou patrimonial nesse imóvel: *"Quanto você deve nela?"*. E depois de entender o quadro financeiro e a situação da residência atual de alguém, faça perguntas de acompanhamento que lhe darão uma ideia do que o cliente está pensando: *"Quanto você acha que ela vale no mercado atual?"*, e *"Você calculou o valor líquido que pode tirar com a venda da sua casa?"*.

Quando se trata de vendas de contingência, uma das perguntas mais importantes a fazer é: *"Você quer vender sua casa em 30 dias?"*. O prazo ideal para vender uma casa contingente é de 30 dias. Essa deve ser a prática padrão, independentemente de quando o imóvel novo em sua comunidade estiver concluído. A maioria dos aditivos contingentes nos contratos de compra é de 30 dias. Portanto, você tem que informar os clientes sobre isso e perguntar se realmente eles querem vender dentro desse prazo. Se o cliente estiver satisfeito com a venda em 30 dias, você também deve perguntar: *"Se necessário, você estaria disposto a reduzir o preço de sua casa para vendê-la a tempo de fazer essa outra compra?"*. É imperativo que você conheça a vontade e a capacidade do cliente de baixar o preço do imóvel.

Reúna Informações

Planilha de Valor Líquido

Um ótimo recurso para reunir informações financeiras sobre a casa atual de um cliente é a planilha de valor líquido. Preenchida pelo agente de listagem de imóveis, a planilha líquida mostra o valor de venda provável do imóvel menos todos os custos para vender. Embora varie de estado para estado, a regra geral para o custo de venda inclui aproximadamente 6% em comissão imobiliária, 2% em título, custódia e/ou honorários advocatícios e algum desconto no preço. Normalmente, o custo de venda do proprietário da casa, totalizará entre 8 e 10% do preço do imóvel. Subtraia essa porcentagem e o valor que o cliente deve na casa, do valor do imóvel para obter uma aproximação de quanto dinheiro ele ou ela provavelmente conseguirá. Isso, é claro, pressupõe que o preço da casa esteja correto desde o início e não precise ser reduzido para vender.

Listagem da MLS

O Serviço de Listagem Múltipla (MLS) provavelmente será o seu principal recurso para fazer sua própria análise de mercado competitivo (AMC) na listagem de seus clientes. Adendos de contingências típicas exigem que o agente de listagem do cliente forneça uma cópia da impressão da propriedade em questão no MLS, bem como outras três vendas que podem ser comparadas.

Mesmo que o corretor de imóveis forneça as comparações de vendas precisas, verifique as informações. As casas podem variar tanto na faixa de preço, que você precisa ter certeza do que está acontecendo no mercado. O MLS fornecerá informações sobre a probabilidade do imóvel que está na listagem ser vendida em tempo hábil. Alguns dos principais itens de informação encontrados na listagem da MLS incluem o preço da casa atual do cliente, o ano em que foi construído, o número total de dias em que esteve no mercado, a metragem quadrada total e o preço por metro quadrado. Todas essas figuras fornecem uma rápida e excelente compreensão da casa atual do seu cliente.

Análise

Embora a listagem de propriedades, assim como a planilha líquida, seja um recurso valioso, ela não pode contar toda a história por si só. Para fazer uma venda em sua comunidade, você deve analisar a listagem da casa atual do seu cliente dentro do contexto de mercado. O melhor local para fazer isso é através do MLS local, embora outros recursos, como sites de Registro de Imóveis, e o da Associação Nacional de Corretores de Imóveis, também possam fornecer um excelente acesso às informações do mercado.

Basta garantir que os recursos que você usa lhe proporcionem uma imagem completa da casa do seu cliente e sua posição no mercado imobiliário em relação a outras casas.

A forma mais fácil de verificar se uma casa está listada corretamente é olhar outras casas listadas na mesma área. No auge do boom imobiliário, o fator determinante para vender ou não uma casa era localização, localização, localização. Mas no mercado de hoje—em que o mercado está fraco e em baixa—o fator determinante para uma casa vender ou não, é preço, preço, preço. O preço de um imóvel em comparação com outro imóvel, é o primeiro fator determinante para uma casa ser vendida ou não. Compartilhe isso com seus clientes.

Além dos imóveis ativos, incluindo os penhorados e vendas em descoberto, avalie as vendas pendentes e as composições vendidas/fechadas para estimar o quanto a casa do seu cliente pode realmente valer. As avaliações de valores são um dos principais problemas, em termos financeiros, para que um comprador possa concluir a compra do seu imóvel a tempo. A realização de uma análise de preços dos imóveis vendidos ajudará você a verificar se a casa está realmente com o preço certo para vender.

Um último ponto da análise, é revisar os comentários da MLS e analisar o marketing geral da propriedade. Você deve garantir que a propriedade atual de seu comprador apareça na MLS, porque a listagem é realmente a principal ferramenta usada para comercializar casas, na opinião dos corretores americanos.

Peça ao cliente e ao agente de imóveis que compartilhem o programa de marketing geral para ter uma noção da visibilidade, alcance e presença da propriedade no mercado. Os critérios a procurar incluem a quantidade e a qualidade das fotos da casa; se o formulário MLS está completamente preenchido, incluindo todos os recursos da residência—até detalhes como a direção em que a residência está voltada; e as observações do agente de listagem. Ao representar os interesses do seu futuro comprador, ajude o agente a dar o melhor de si na lista da casa. As observações dele, fornecem uma excelente base para descrever minuciosamente a propriedade e fazer um ótimo discurso de vendas. Seu cliente precisa que a descrição da propriedade esteja completamente preenchida, com detalhes que atraiam os compradores. Ajude o agente a incorporar algumas palavras-chave que irão se destacar para os outros compradores, ou sugira que o texto esteja em maiúsculo para fazer o cabeçalho parecer ousado, fazendo com que a listagem da casa no MLS se destaque. Estes são pequenos truques, mas farão uma grande diferença.

Sempre respeite o trabalho do agente de listagem, mas também compartilhe suas ideias com eles. Sua perspectiva e opinião podem servir para melhorar a posição da propriedade e melhor alcançar os resultados necessários para atender às expectativas de contingência de sua construtora.

Análise de Amostra

O primeiro passo na análise de uma casa e como ela está situada no mercado, é obter comparações ativas na mesma região de código postal. Se a casa de um cliente custa R$ 900.000, você deve escolher uma faixa de preço na qual esse número se encaixa confortavelmente, como R$ 800-900.000, para pesquisar por comparações. Em seguida, leve em consideração o ano em que a casa do cliente foi construída. Se uma casa foi construída em 2007, escolha um período de 10 anos em torno desse ano, como 2001-2011. Se você procurar por casas com cinco anos ou mais a frente desse ano, a casa não será tão comparável. A pesquisa de faixas de preço e ano de construção é uma maneira rápida de avaliar quanta concorrência existe no mercado em termos de quantidade de outros imóveis. Se você obtiver um número muito grande, lembre-se de restringir os resultados para apenas as listagens regulares ativas. Também é importante analisar as propriedades listadas nos últimos 90 dias para obter uma imagem precisa de como o mercado está se movendo.

Ao fazer essa pesquisa refinada, faça uma rápida análise das estatísticas para poder ver a média das listagens ativas. Veja, por exemplo, a listagem de R$ 900.000 do seu cliente: aproximadamente

167 metros quadrados, a cerca de R$ 5.270 por metro quadrado, que está no mercado há 30 dias. Depois de realizar a pesquisa, você encontra outras listagens disponíveis que têm em média 185 metros quadrados, com apenas R$ 4.325 por metro quadrado, e estão no mercado há 50 dias! Isso te dá uma visão mais abrangente do mercado, e indícios muito claros de que a casa do seu cliente pode estar muito cara.

Depois de limitar sua lista de propriedades para escolher e descobrir as médias relevantes para a casa do seu cliente, encontre um imóvel semelhante para comparar. Ao procurar um imóvel paralelo, preste atenção aos principais recursos da casa do seu cliente, como por exemplo, se a casa é térrea ou é um sobrado. Nesse momento, você já deve ter visto as fotos da propriedade do seu cliente para saber que tipo de recursos a casa possui. Usar as imagens postadas em uma listagem é uma ótima maneira de comparar propriedades entre si.

Você pode deduzir informações com base na aparência externa, armários e bancadas, piso, pintura e acabamento da parede, e muito mais. Isso te ajudará a investigar os recursos físicos e estéticos que influenciam as pessoas na percepção de valor por cada propriedade.

O quão bem uma casa aparenta estar, e o quão bem ela é comercializada, é certamente fundamental para se ter sucesso com a venda, mas nada supera o preço. Em um momento em que vendas em descoberto e hipotecas inundam o mercado, é mais difícil definir comparações. Uma maneira dos agentes fixarem o preço das vendas em descoberto é colocá-las abaixo das últimas comparações feitas em uma área, reduzindo em até 10% o preço, a fim de vender mais rapidamente. Para um imóvel com preço de R$ 850.000, terá uma queda instantânea de R$ 85.000. Quando esse tipo de queda ocorre repetidamente, cria-se uma mudança de preço que é descendente, e que torna difícil listar uma casa competitivamente, o que é um fator importante a ser considerado à medida em que os clientes tentam vender suas casas para comprar novas.

Você deve descobrir por que as casas estão sendo vendidas—contra o que a atual casa do seu comprador está competindo—em todos os tipos de listagens. O fato é que, quando um avaliador vai avaliar uma propriedade, tendo o status como venda regular ou venda em descoberto não afeta o valor atribuído—e nem deve! As casas comparadas que venderam, geralmente oferecem uma visão esclarecedora da atividade do mercado. Ao analisar as casas vendidas, você deve aplicar os mesmos critérios de antes, de código postal, idade, preço por metro quadrado e dias no mercado. Você não precisa necessariamente ser específica em termos de quantidade de quartos ou mesmo do total de metros quadrados, porque o preço será o fator mais importante. Concentre-se no uso das propriedades vendidas para aumentar sua compreensão sobre a rapidez com que as listagens atuais estão sendo vendidas.

É necessário levar em consideração os ativos regulares, penhorados, hipotecados, vendas a descoberto e casas vendidas, ao avaliar a listagem de seus clientes, e se sua própria comunidade tem um imóvel viável que provavelmente fechará a tempo. Quando se trata de contingências, avalie a listagem de um comprador e trabalhe em conjunto com o agente da listagem para garantir que o preço da casa esteja no mercado atual e seja vendida.

Combine ou Venda

Depois de fazer a sua lição de casa na atual casa do comprador e de pesquisar como ela se compara a propriedades semelhantes no mercado, avalie a situação e tome uma decisão sobre vender ou não o lote do cliente. Se houver outras casas com vendedores claramente motivados, preços a um valor substancialmente mais baixo por metro quadrado do que o cliente deseja, a venda rápida da casa do cliente será muito menos provável. Um imóvel muito caro não apenas é um desserviço para o corretor, mas como também, mesmo que venda, ela não será avaliada novamente em um valor super alto.

É importante dar uma chance aos clientes—para aumentar o benefício da dúvida, mas lembre-se da realidade. Se sua avaliação revelar que é improvável que a casa do seu cliente seja vendida, combine o primeiro comprador com outro comprador não contingente. O único motivo para insistir com alguém sobre um lote que não possui um número muito grande de pessoas interessadas, é se ele ou ela estiver disposto a reduzir o preço significativamente. É aí que entra a pergunta final: *"Você está disposto a reduzir o preço o suficientemente para fazer essa venda?"*.

O ponto principal é se seu comprador está disposto ou não a fazer o que for necessário para vender o imóvel—disposto a reduzir o preço suficientemente para vender no mercado atual e assim fazer a nova compra. Ao trabalhar com seus clientes, dando suporte na venda de suas atuais residências, avalie as opções. Uma de suas responsabilidades é ajudar a coordenar fechamentos simultâneos. Entre em contato com seu cliente e o agente da listagem para negociar a possibilidade de alugar de volta o imóvel ou ações similares. Isso permitirá que o vendedor—seu comprador—venda a casa e feche o compromisso, mas continue morando na casa por um curto período, tempo suficiente para fazer a mudança.

Feche a Contingência

Ser uma verdadeira corretora profissional significa que sua empresa pode contar com você e com suas vendas. Sua empresa precisa saber que, se você escrever uma contingência, trabalhará com o vendedor da casa e o agente de listagem, fazendo o que for necessário para que a casa atual seja vendida, e para que sua venda seja concretizada e contabilize nos registros.

Parte de sua responsabilidade com a sua empresa, é ter avaliações e números precisos na pilha de pedidos. Isso inclui contingências e relatórios de cancelamentos, mas também a venda dessas contingências, se é isso que precisa ser feito. Sempre tente fazer isso acontecer com o seu cliente, sendo proativa. Isso significa manter uma conversa sobre preços com eles desde o início, e fazer a lição de casa para poder oferecer um preço mais competitivo. Lembre-se, no entanto, de que no final do dia o seu objetivo deve ser concluir as vendas para seus compradores, sua empresa e você mesma.

Quanto mais rápido o cliente vender a casa dele, mais rápido eles terão tranquilidade para realmente avançar com a compra da nova casa, e poderão começar a fazer as malas. Quanto mais rápido a casa do cliente vender, mais rápido a construtora poderá contar com o fechamento e os pagamentos antecipados. Quanto mais rápido for, você cria ganhos para todas as partes interessadas.

Recapitulando

- Avalie a viabilidade de suas contingências conduzindo sua própria análise de todas as listagens ativas—incluindo ativos regulares, penhoras, vendas a descoberto e hipotecas.

- Planeje as vendas de suas contingências se você tiver outro comprador pronto, disposto e capaz. Quando você receber uma contingência, mantenha a casa no mercado, com a ideia de que você precisa vender logo, e não se esqueça de avisar o seu cliente de que a cláusula estipulada de 30 dias (ou um prazo semelhante) seja atribuída para a venda da casa.

Questões Fundamentais

- *"Onde você mora hoje? Você aluga ou é o proprietário?"*
- *"O que você planeja fazer com a sua casa atual quando comprar a nova casa?*
- *"Quando você comprou o seu imóvel? Quantos anos tem a casa?"*
- *"Quanto você pagou nela?"*
- *"Quanto você deve nela?"*

- *"Quanto você acha que sua casa vale no mercado atual?"*
- *"Você já calculou o quanto lucraria com a venda do seu imóvel?"*
- *"Você está disposto a estipular um preço para vender em 30 dias?"*
- *"Ela já está no mercado?"*
- *"Você tem uma segunda hipoteca na sua casa?"*
- *"Se necessário, você estaria disposto a diminuir o preço para vender sua casa a tempo de fazer essa outra compra?"*
- *"Se necessário, você estaria disposto a desembolsar um dinheiro?"*
- *"Se você permitiu uma hipoteca ou uma venda a descoberto, você teria um parente que compraria uma nova casa para você?"*

SUPERANDO OBJEÇÕES

"Mostre às pessoas o que elas mais desejam, e elas moverão céus e terras para conseguir isso".

– Frank Bettger

Mercado Atual

A economia de hoje apresenta um ambiente na qual muitas pessoas e indústrias estão trabalhando para voltar a estabilidade. Dentro do mercado imobiliário em recuperação, as construtoras estão tendo que disputar umas com as outras por preços mais competitivos e incentivos que atrairão os clientes. Ao mesmo tempo, muitos clientes se veem em complicações financeiras ou estão cautelosos com o mercado, ou ambos. Como resultado, esses clientes acabam apresentando desafios adicionais a serem superados pelos corretores de imóveis, a fim de realizar a venda e fechar o negócio.

Uma das complicações adicionais às objeções do cliente, é que os motivos deles nem sempre estão aparentes. Isso significa que você, como corretora profissional, precisa conhecer as perguntas certas a se fazer—e como perguntar—para descobrir o que os clientes estão realmente pensando e sentindo.

Este é o primeiro passo para entender em que se baseia a objeção de um cliente. Além de saber que tipo de perguntas fazer, é importante ter algumas técnicas úteis que abordem diretamente os diferentes tipos de objeções. Isso permitirá que você entenda melhor de onde seus clientes vêm, e os ajude no processo de tomada de decisão. Somente depois de superar as objeções deles, você poderá avançar com a venda de hoje.

Objeções são Oportunidades

Antes de abordar os tipos específicos de objeções e técnicas que podem ser empregadas para amenizá-las, é importante entender o que uma objeção representa na mente de um cliente. A objeção de qualquer cliente é fundamentada em pensamentos e sentimentos reais, o que significa que a corretora de imóveis deve ser sensitiva ao que o cliente está expressando—ser compreensiva e respeitosa. O que se deve entender sobre as objeções, porém, é que elas também são sinais de interesse. O próprio fato de um cliente expressar uma objeção é um sinal de que ele ou ela está pensando em como fazer a compra da casa nova.

Quando um cliente expressa uma objeção, normalmente significa que ele ou ela está compartilhando uma preocupação que precisa ser satisfeita. Eles estão te mostrando algo que os está impedindo. Uma objeção significa que um cliente precisa de mais informações para poder avançar.

Para você, a objeção de um comprador é uma oportunidade. É uma oportunidade para você resolver a preocupação dele, e apresentar as informações certas para ele dar o próximo passo na experiência de compra. Por fim, uma objeção é a maneira do cliente te dizer como vender para eles, e é por isso que é essencial que você escute, e escute muito bem. Seu papel é facilitar para o comprador poder superar sua própria objeção. Para garantir a sua capacidade de ajudar o seu cliente, existem três etapas principais a serem seguidas.

1º Passo: Abrace a Objeção

Quando você ouve uma objeção do cliente, a primeira coisa que você precisa fazer é abraçar o que ele está dizendo, mesmo que você não entenda completamente de onde está vindo.

Uma compreensão clara é a chave para superar toda e qualquer objeção. Nunca a ignore ou a evite, porque a capacidade do cliente de superar uma objeção, é a única maneira de avançar na compra de um imóvel. Em vez disso, explore a objeção. Descubra o que os impede de comprar. Um dos medos que eu ouço o pessoal de vendas expressar é que eles não querem bisbilhotar. Além disso, eles não querem parecer agressivos. Eles não querem ser intrometidos. Portanto, eles não se aprofundam no que são, provavelmente os problemas pessoais mais sensíveis do cliente. Mas o que eu quero sugerir, é que não há problema em fazer perguntas pessoais. A questão é apenas a de *como* você faz essas perguntas.

2º Passo: Simpatize

Ouvir é o principal princípio da empatia com o cliente. Não é incomum os clientes evitarem os reais motivos da objeção, seja por desconforto, vergonha, ou algum outro fator. Para abraçar a objeção de um cliente, você deve ouvir atentamente o que ele *não* está contando, tanto quanto o que está sendo dito. Mais ainda, você precisa ouvir atenta e abertamente. Cada cliente é diferente. É apenas ouvindo o que cada um tem a dizer que você pode realmente entender de onde as pessoas vêm.

Ao alcançar um patamar de empatia com seus compradores, você também deve fazer perguntas em resposta ao que os ouve dizer. Isso garantirá uma compreensão mais clara da perspectiva de um comprador e ajudará você a ver todos os ângulos da preocupação dele.

O que você sabe, pensa ou sente é secundário à perspectiva do cliente, pois o ponto de vista dele é o que te mostrará o que você precisa falar e exibir para ajudar ele—e a venda—a avançar. Fazer perguntas é uma forma de pensar de onde o cliente vem, a medida em que você se aproxima do ponto de origem da objeção. Ao simpatizar com o cliente, você estará melhor equipada para identificar a objeção deles, dialogar sobre, e descobrir os reais motivos do obstáculo. A partir daí, você pode personalizar uma resposta que atenda às suas necessidades específicas.

3º Passo: Apresente uma Solução

Depois de abraçar e simpatizar com a objeção do comprador, você deve estar preparada para apresentar uma solução a ele. Para a maioria dos clientes, comprar uma casa é como um quebra-cabeça, eles estão tentando juntar as peças para que funcionem. Como facilitadora do processo de solução, seu trabalho é ajudar cada cliente a encontrar a peça que falta e completar esse quebra-cabeça.

Ao reunir as informações necessárias e considerar cuidadosamente as necessidades do seu comprador, formule uma solução que atenda adequadamente às suas preocupações. Ao fazer isso, você poderá superar qualquer objeção para ajudá-los a seguir em frente com a compra.

Mentalidade e Atitude

Parte da transformação das objeções em oportunidades, é a adoção de uma mentalidade e uma atitude nas quais você enxerga as possibilidades. Para ajudá-la nisso, há uma coisa primordial a se entender sobre os clientes com os quais você entra em contato, e com os quais fazem objeções: se um cliente está vendo imóveis, ele ou ela está lá por um motivo. É seu trabalho descobrir qual é esse motivo e explorar as motivações deles.

Sua mentalidade e atitude mostrarão a sua capacidade de ajudar os clientes a superar suas objeções, e também definirão o cenário para as mentalidades e atitudes dos próprios clientes, na tentativa de encontrar uma maneira de comprar hoje as casas que desejam e precisam.

A maneira mais segura de ser um corretor eficaz—dominando as etapas e empregando efetivamente as técnicas para superar objeções— é cultivar em si a positividade e a proatividade que deseja ver em seus clientes.

Técnicas para Superar Objeções

Existem técnicas específicas que podem ser empregadas para quebrar ainda mais a estrutura das três etapas para transformar objeções em oportunidades. Primeiro, antecipe uma objeção antes que ela surja. Da mesma forma, faça uma objeção quando sentir que um cliente a possui. Se a objeção não estiver totalmente clara, você deve isolá-la fazendo perguntas. As perguntas são críticas para superar objeções. A partir daí, você deve fornecer uma solução, ou soluções, para o problema. Além disso, tenha em mãos recomendações de terceiros e algumas histórias pessoais para servir como técnicas suplementares para obter a adesão do cliente e avançar com a venda. Esses dois últimos ajudarão você a criar pontos em comum com a experiência do comprador, oferecendo experiências com as quais eles podem se relacionar. Embora cada objeção seja diferente, essas técnicas funcionam muito bem dentro das três etapas para abordar até as objeções mais difíceis dos clientes.

As Seis Objeções Mais Difíceis

As objeções dos clientes podem variar em tamanho e propósito, mas há certas objeções que abrangem a maioria das preocupações dos compradores a medida que você os envolve no processo de compra da casa. Com base na vivência da indústria, os sete objetivos a seguir são os maiores obstáculos que os corretores de imóveis enfrentam atualmente:

#1: *Problemas de crédito:* Existem muitos compradores com problemas de crédito.

#2: *Sem dinheiro para entrada:* algumas pessoas ainda estão economizando o dinheiro necessário para atender o valor da entrada, e fechar os requisitos de custo.

#3: *Conseguir um acordo melhor:* muitos clientes acham que podem conseguir um acordo melhor e querem continuar pesquisando para ver se conseguem encontrá-lo.

#4: *Timing do mercado e queda de preços:* Os clientes geralmente pensam que eles devem esperar mais para ver se os preços cairão.

#5: *Falta de urgência:* existem clientes que não têm motivos claros para comprar, o que pode dificultar no atendimento de suas necessidades.

#6: *Precisa pensar a respeito:* muitos clientes dizem que precisam pensar mais a respeito como forma de evitar a tomada de decisão.

Essas seis objeções representam os maiores e mais importantes obstáculos nas vendas de imóveis hoje. Mesmo como obstáculos, porém, essas objeções não são intransponíveis. Cada uma pode ser aberta e solucionada, mais cedo ou mais tarde, para ajudar os clientes a seguir em frente com a compra do imóvel.

Problemas de Crédito

Quando se trata da questão de crédito, você deve apresentar a contestação imediatamente. Não há problema em simplesmente perguntar: *"Você planeja financiar a casa?"*, *"Você já conversou com um credor?"*, *"Quanto eles disseram que você está qualificada a receber?"*, *"Como está o seu crédito?"*, e *"Você conhece a sua pontuação de crédito?"*.

Não hesite em descobrir o histórico de crédito do cliente. A crise econômica pode ter afetado o crédito deles de várias maneiras, que são as informações que você precisa saber antecipadamente para o cliente poder avançar com a compra. *"Você teve uma falência, hipoteca ou venda em descoberto nos últimos dois anos?"*. Atreva-se a se aprofundar neste tópico: *"Como está o seu crédito desde então? Você teve pagamentos em atraso de mais de 30 dias nos últimos dois anos?"*. Você deseja que as pessoas lhe digam os problemas que estão enfrentando. É uma das únicas maneiras de esclarecer a capacidade financeira, em termos de elegibilidade para comprar.

Se seu cliente tiver problemas de crédito, peça a ele para lhe contar e ofereça seu apoio: *"Talvez eu possa ajudar"*. Certifique-se de saber quais pontuações de crédito qualificarão as pessoas para os diferentes tipos de empréstimos, seja uma pontuação de crédito de 620 para um empréstimo com entrada de 3% e meio, ou um empréstimo com uma pontuação tão baixa quanto 580 com entrada de 5%. Saiba quais opções de financiamento estão disponíveis para pessoas com pontuações diferentes. Se não houver opções imediatamente viáveis, tenha a coragem de perguntar: *"Você já pensou em procurar por um profissional de crédito?"*. Ajude o seu cliente a obter a ajuda necessária para melhorar sua pontuação.

Existem algumas ideias que você pode dar aos seus compradores, como ligar para as empresas de cartão de crédito para renegociar as taxas de juros. Você também pode incentivá-los a pagar um pouco mais em suas contas mensais, o que os ajudará a manter-se em dia com suas dívidas e outros compromissos financeiros, para que assim possam se concentrar nos investimentos para a compra de imóveis. E se o excesso de gastos parecer um problema, você pode incentivá-los a reduzir seus cartões de crédito, o que será uma ação eficaz para os gastos e, portanto, um meio de reduzir as despesas. Embora essas não sejam as principais soluções, elas ajudarão a aliviar a carga financeira de seus compradores.

Como mencionado anteriormente, uma maneira significativa de ajudar os clientes com problemas de crédito que os impedem de avançar com a compra, é manter um relacionamento com um profissional de crédito respeitável.

Se sua empresa ainda não é parceira de um serviço desse tipo, encontre alguém em quem possa confiar e contar para falar a verdade quando se trata de seus clientes, e que fará o possível para recuperar o crédito deles. Encaminhe os clientes necessitados ao seu profissional de crédito e acompanhe-os regularmente. Como corretora profissional, mostre a seus compradores como você está investido na capacidade deles de comprar um imóvel, ajudando-os a economizar para recuperar seus créditos.

Embora a recuperação de crédito nem sempre seja uma solução rápida e simples—o que significa que os clientes que precisam recuperar os créditos podem não conseguir comprar imediatamente—existe um benefício a longo prazo em ajudar seus compradores com problemas de crédito. Pense da seguinte maneira: se a cada mês você conecta um cliente inelegível a um profissional de crédito, após um ano de reunião, você pode ter 12 clientes prontos para comprar, e comprometidos com você, porque você se comprometeu com eles. Fique com seus clientes, e eles ficarão com você. Quando se trata de clientes com problemas de crédito, pense a longo prazo. Em seis meses ou um ano, você poderia ver um aumento substancial em sua renda apenas aderindo a compradores que inicialmente não tinham capacidade de obter financiamento para o imóvel. Permaneça com seus futuros compradores e eles permanecerão com você. Lembre-se, são as pequenas coisas que fazem a diferença no sucesso das suas vendas.

Sem Dinheiro para Entrada

Semelhante ao problema de crédito, você deve obter informações sobre uma objeção sobre o valor da entrada. *"Quanto você economizou para a entrada e os custos de fechamento?"*. Ao perguntar sobre o valor da entrada, não se esqueça de incluir os custos de fechamento na discussão, pois ambos precisam ser fornecidos antecipadamente. *"Qual a fonte do dinheiro da entrada?"*. Você sempre deve saber onde o dinheiro está—em uma conta bancária ou poupança? Essa é uma grande questão para os credores. Pergunte: *"Para onde está indo esse dinheiro agora?"*, e *"Você tem acesso a algum empréstimo?"*, para descobrir os detalhes. Você pode perguntar aos clientes sobre seus planos de aposentadoria: *"Como você se sente em usar a aposentadoria para investir em uma casa?"*. Para muitos planos de aposentadoria, não há multas por emprestar dinheiro ou para a retirada antecipada para poder comprar uma casa, especialmente para compradores iniciantes.

Se um cliente precisar apenas apresentar os últimos dois mil reais, você também pode sugerir a eles que ajustem suas retenções de impostos: *"Você sabia que pode ajustar suas retenções e trazer mais dinheiro para casa todos os meses?"*. Seu cliente pode fazer um ajuste temporário para receber mais dinheiro a cada mês para aplicar ao adiantamento, e depois alterá-lo quando a entrada for fechada. Se o cliente não estiver interessado nessas opções, mas ainda estiver economizando para comprar a casa, pergunte: *"Quanto você pode economizar por mês para a efetuar a entrada?"*. E, sempre que estiver discutindo a viabilidade de uma compra, pergunte ao comprador: *"Você está disposto a fazer o necessário para conseguir esta casa?"*.

Se você receber um *"Sim"* do seu cliente, comece a sugerir possíveis soluções. Primeiro, existem empréstimos com pagamento baixo ou nenhuma entrada—nos EUA por exemplo, o USDA pode ter zero de entrada, e o FHA pode ser de 3% e meio, o que realmente não é muito dinheiro. Por exemplo, em uma casa de US$ 200.000, um cliente precisa apenas de US$ 6.600, o que a maioria das pessoas pode conseguir com o tempo. Assim como nos problemas de crédito, você deve pensar em longo prazo para as pessoas não terem o valor da entrada fazendo um buraco no bolso.

Se o comprador precisar de mais tempo para juntar o dinheiro da entrada, considere a possibilidade de registrá-lo em uma casa a ser construída. Se você estiver em uma comunidade em que há lotes suficientes para ficar lá por um ano, combine o cliente com um imóvel a ser construído. Você pode até falar com a sua gerência sobre a liberação de uma casa que ainda não foi lançada. De qualquer forma, você fornecerá ao cliente algo pelo qual se esforçar e trabalhar. Depois que os clientes assinam um contrato de compra, ficam muito mais comprometidos em fazer o que for necessário para fazer o acordo acontecer. De fato, todas as partes interessadas estão mais comprometidas—vendedor, comprador, credor e recuperador de crédito—porque têm um objetivo em comum a atingir.

Conseguir um Acordo Melhor

Uma das objeções mais desafiadoras hoje é quando os clientes afirmam que podem conseguir um acordo melhor. Hoje, o mercado imobiliário é muito voltado para os preços, o que pode dificultar a concorrência das empresas. Algumas construtoras estão diminuindo as comissões dos lotes, enquanto outros que possuem casas maiores com mais comodidades, estão mergulhando em faixas de preço mais baixas, onde podem comercializar seus imóveis com o melhor valor, no geral. As propriedades de revenda também precisam ser levadas em consideração, especialmente aquelas com menos de dez anos de idade.

Embora muitos mercados tenham se estabilizado e não estejam mais lutando com unhas e dentes da mesma maneira que estavam, alguns lugares ainda estão experimentando tendências de queda, e os inflados incentivos ao cliente permanecem. O nível de concorrência torna importante que os profissionais de vendas perguntem aos clientes antecipadamente quais outros locais, comunidades ou residências estão considerando. Você deve saber com quem e com o que está competindo: *"Quais outras casas você está seriamente considerando?"*. Além disso, pergunte aos seus clientes por que eles ainda não compraram se estão vendo melhores ofertas em outros lugares: *"O que faltava que te fez não comprar?"*. Você precisa descobrir esse tipo de informação, principalmente quando se trata de negociação. Os clientes não necessariamente compartilharão com você até que peça informações específicas.

O objetivo é entender de onde eles vêm, e entender o que outras construtoras estão oferecendo. Parte disso é se fazer de cliente oculto na concorrência. Você não deve confiar apenas no que os clientes estão dizendo, você precisa ser capaz de contextualizar o que eles estão dizendo. Veja por si só quais as ofertas disponíveis em termos de preços, comodidades, incentivos e muito mais.

Ao tentar diferenciar seus imóveis, pergunte a seus compradores: *"De todas as casas que você já viu até agora, como as nossas se comparam?"*. Você deve saber o quanto o comprador gosta dos seus imóveis e o do quanto ele a deseja. As respostas lhe dirão quais são os ângulos em que você precisa aumentar o apelo sobre o seu cliente, e você pode fazer essa transição para uma apresentação profissional, na qual poderá demonstrar minuciosamente o valor do seu imóvel. Os clientes precisam saber e entender o que receberão de seus imóveis que não receberão da concorrência, sejam os recursos de qualidade, eficiência energética, garantias de produtos ou outros fatores.

Sua capacidade de ilustrar os benefícios em todo o imóvel, os ajudará a ver o que eles têm a ganhar. Não basta somente dizer, você precisa mostrar para dar todo o efeito ao cliente. Diferencie-se da concorrência ao aproveitar a oportunidade para demonstrar aos compradores como os benefícios de sua casa se correlacionam diretamente com o conforto e a conveniência em suas vidas, como os benefícios atendem diretamente às necessidades de sua vida.

Quando se deparar com uma objeção relacionada à obtenção de um acordo melhor, é realmente muito importante primeiro tratar a preocupação de maneira sincera, e depois isolá-la de forma a planejar como você pode resolvê-la. Enfrente a objeção com empatia: *"Gosto muito da vontade de se fazer um ótimo negócio na compra de um imóvel, e você deveria. E eu vou ajudá-lo com isso"*. Certifique-se de que sua casa seja realmente a que o cliente deseja possuir.

Depois de estabelecer o desejo de comprar, saiba exatamente por que o cliente quer seu imóvel, por que ele se adapta perfeitamente às suas necessidades e desejos. Depois de receber a confirmação de que seu imóvel é o que o cliente deseja, pergunte: *"Se você tiver uma ótima oferta nesta casa, compraria hoje?"*. Ao seguir essa linha de questionamento, você encontrará a força da sua posição de negociar.

Quando se trata de fechar um negócio, uma de suas responsabilidades como vendedora da linha de frente, é adequar as necessidades do seu cliente com as expectativas da sua construtora. Parte do trabalho do cliente oculto, é ter provas dos preços, comodidades e incentivos de outras construtoras, que a ajudarão a obter a aprovação da sua gerência para todas as ofertas que eles puderem aceitar.

Qualquer prova aceitável que você possa fornecer, tornará a gerência mais confortável com todos os descontos que você apresentar. Assim como você intervém em nome de seu cliente para sua empresa, esteja preparada para intervir em nome de sua empresa. Pergunte ao cliente: *"Se a empresa estiver disposta a aceitar sua oferta, quanto você estaria disposto a oferecer como adicional de entrada?"*. Se sua empresa conceder a permissão, como gesto de boa fé, você precisa ter alguma garantia de retorno do cliente. Além disso, obtenha a aprovação incondicional do empréstimo o mais rápido possível, para que a empresa possa efetivamente responsabilizar o cliente pela conclusão da compra. A obtenção de adicionais de entrada solidifica o compromisso do cliente com a compra. Além disso, também ajuda a evitar renegociações de última hora no final do compromisso, e evita a inadimplência do comprador. O objetivo é perguntar a seus clientes o que eles estão dispostos a fazer em troca de uma concessão, e garantir que eles tomem as medidas necessárias para corresponder ao que sua empresa exige.

Fazer acordos com os compradores, mesmo que isso signifique fazer certas concessões no preço, pode ser uma ótima maneira de obter, para a sua empresa, os negócios de que ela precisa. Em qualquer mercado inflexível, competitivo ou de tendência para a queda, a primeira empresa a vender, vence. Quanto mais rápido vender os imóveis, mais você ganhará dinheiro para a sua construtora. Trata-se de fazer o que é preciso para conseguir para os seus clientes e sua construtora, os resultados que eles precisam.

Timing do Mercado e Queda de Preço

As objeções sobre queda de preço são semelhantes às relacionadas a conseguir um acordo melhor. A diferença é que, em vez de confessar que há uma opção melhor no momento, os clientes tendem a esperar e ver se melhores circunstâncias surgem. Como resultado da recente desaceleração econômica, algumas pessoas estão se perguntando se a economia vai cair ainda mais ou se simplesmente se resignaram de um investimento por um prazo mais longo do que o esperado.

Quando os compradores conversam sobre o *timing* do mercado e a queda de preços, você deve antecipar essa objeção. Seja proativa e pergunte a eles: *"O que você acha do mercado? Como você acha que se compara a três ou cinco anos atrás?"*. Como uma Corretora Profissional de Imóveis bem informada, você já sabe como está o mercado.

É muito melhor, principalmente da perspectiva do comprador, porque os preços e as taxas de juros estão mais baixas. O motivo pelo qual você faz perguntas aos clientes é ajudar a orientar seus pensamentos e levá-los a uma conclusão favorável. *"O que você acha dos preços de hoje? Você já viu como estão baixas as taxas de juros?"*. Você pode até perguntar: *"Você acredita que agora é o momento para comprar?"*.

A expectativa é enorme nos clientes que querem superar as objeções, e essa expectativa começa com você. Muito do que acontece em você é transferido para seus compradores. Como profissional de vendas da linha de frente, você pode ter maior efeito no pensamento e no sentimento de seus compradores. Se você acredita que agora é a hora de comprar, isso será passado para eles, e os ajudará no processo de tomada de decisões.

Embora seu conhecimento e opinião sobre preços e *timing* de mercado tenham um efeito marcante em seus clientes, você certamente pode utilizar outros recursos para apoiar sua reivindicação. Mantenha-se atualizada sobre notícias e informações do mercado que possam servir como endosso a condições favoráveis do mercado imobiliário, e que suportem a premissa de que agora é a hora de comprar.

Obviamente, você espera que as condições estejam a seu favor, mas mesmo que não estejam, ainda é possível convencer os compradores de que agora é a hora de comprar. Comece respeitando a preocupação do cliente: *"Você está certo, os preços podem cair ainda mais, mas veja como eles já estão bons no momento"*. Um argumento convincente que você pode usar é de que as taxas de juros provavelmente não ficarão mais baixas do que já estão. Embora os preços possam abaixar, você pode enquadrar as vantagens dos clientes nas taxas de juros. Tomemos, por exemplo, uma casa de R$ 900.000, na qual a taxa de juros aumenta meio porcento, passando de três e meio para quatro. Isso se resume em um adicional de R$ 105.000 em juros ao longo da vida de um empréstimo, o que não é necessariamente um número pequeno para clientes preocupados com os valores totais. Certamente, assim se pode argumentar que baixas taxas de juros superam a queda dos preços. Se seus clientes procuram uma propriedade a longo prazo, é melhor fechar com uma taxa de juros baixa do que esperar para ver se os preços cairão ainda mais. Essa é apenas uma das justificativas razoáveis que você pode fornecer aos seus compradores para quaisquer preocupações que eles tenham sobre o timing do mercado e a queda de preços.

Falta de Urgência

Muitas objeções dos clientes se manifestam como falta de urgência. Alguns compradores sentem a necessidade de ver tudo disponível no mercado. Outros dizem: *"Se for para ser, ainda estará lá quando eu estiver pronto para comprar"*. E outros estão apenas com medo de comprar.

Quando você achar que tem um cliente que não tem urgência em comprar, comece com perguntas básicas: *"Qual é o seu cronograma para comprar?"*. E siga a última pergunta com: *"O seu cronograma está baseado em quê?"*. Você sempre deve descobrir em que está baseada o cronograma do cliente—na venda da casa atual, na necessidade de economizar mais dinheiro, no cumprimento de um arrendamento ou...? O motivo pelo qual você deve descobrir em que se baseia seu cronograma, é poder determinar se existe uma maneira de adiantá-la. Lembre-se da ideia de que "sempre há um motivo para comprar agora, aqui e hoje". É seu trabalho descobrir qual é o motivo do cliente. Ou, a resposta de um cliente pode implicar em disponibilidade a qualquer momento, se a casa certa for encontrada; nesse caso, você deve extrair isso: *"Se você encontrasse a casa perfeita hoje, quando a compraria?"*. Você pode aumentar a urgência sem ser muito insistente: *"Estou apenas curiosa, mas se você não se importar que eu pergunte, o que você está esperando?"*.

À medida que você obtém essas respostas do seu cliente, pense em quais informações poderiam tocar na necessidade deles para comprar um imóvel o quanto antes. Descubra o quanto o comprador está pagando atualmente em aluguel ou hipoteca, e quais contas estão bancando a cada mês. Se um comprador estiver alugando no momento, introduza deduções nos impostos de renda disponíveis para os proprietários. Você também pode contribuir para a melhoria geral no estilo de vida quando alguém for o dono de uma casa. Se um cliente possuir uma casa antiga, você poderá usar essas perguntas para fazer uma apresentação sobre as economias que um imóvel novo proporcionará. Existem muitas direções em que você pode levar a conversa, dependendo das necessidades dos clientes e da situação atual.

Além de fazer perguntas, uma das chaves para desvendar e aumentar a urgência, é posicionar o cliente. Quanto mais você sai com os clientes e mostra os imóveis, mais contratos você redige. Posicionar é a primeira e a principal maneira de levar os compradores a ver, tocar e experimentar a possibilidade de possuir uma de suas casas. Quando estiver posicionando, observe que algumas casas podem não ser o imóvel certo. Pode ser necessário mostrar aos clientes vários imóveis para encontrar a que é perfeita para eles. O ideal, é que as casas disponíveis sejam diferentes e com aspectos distintos, como configuração da planta baixa, localização do lote, elevação, recursos de design e afins. Demonstre como cada casa é diferente uma da outra. Você nunca sabe qual característica especial fará a diferença para o cliente—seja a direção em que a casa está voltada, a cor das paredes exterior, a planta baixa, a proximidade com comodidades da região, ou uma variedade de outros recursos.

Uma ótima maneira de discernir quais recursos especiais podem ser úteis para o interesse do comprador, é identificar seu tipo de personalidade. Quando se trata em atingir as razões do cliente no processo de compra e aumentar a urgência, jogar com tipos de personalidade é uma abordagem realmente eficaz. Saber como cada tipo de personalidade opera e ser capaz de identificá-los quando você conhece um cliente, permitirá que você mostre um atendimento sem paralelos, que fará a diferença no final do dia. É realmente importante ajudar os compradores da maneira como eles precisam ser ajudados. Reconhecer o que um cliente precisa e interagir com ele da maneira que achar mais relevante, sem dúvida aumentará a urgência deles e a disposição para comprar.

Depois que o comprador mostrar disposição e vontade, peça para ele comprar. Pedir aos clientes para que comprem, e fazer isso mais de uma vez, cria urgência. Embora eles criem sua própria urgência, você é o impulso dessa urgência. Urgência é emoção e paixão—e são essas sensações que você deverá transferir aos seus clientes.

Precisa Pensar a Respeito

"Eu preciso pensar a respeito" é a desculpa de todos os clientes que desejam adiar a tomada de decisão. Ao saber que, se um cliente a procurou, ele ou ela veio por um motivo, saiba também que não deve aceitar um *"eu preciso pensar a respeito"* na sua frente. Isso não quer dizer que você não deva respeitar quando um comprador te dá essa resposta, mas certamente você deve estar preparada para ir além com ele, se é disso o que ele ou ela precisa. Mais frequentemente do que isso, quando um cliente diz: *"Eu preciso pensar a respeito"*, a tradução é: *"Há algo que ainda não tenho certeza"*. Na maioria dos casos, se um comprador não gostar do seu imóvel, você estará ciente disso, e não há realmente nada que você possa fazer para mudar essa situação. Mas se você sabe que os compradores gostaram do que viram, essa resposta é uma cortina de fumaça para outra coisa. Muitas vezes, eles estão se escondendo e não estão contando suas reais razões para hesitar.

Embora você sinta que esgotou todos os recursos que tem para oferecer, não desista quando um cliente expressar a necessidade de pensar mais nas coisas. Não desista, não resista e não desista. Há claramente algo a mais que o cliente precisa e que ainda não ouviu, ou há algo que o cliente ainda não lhe disse que fornece um motivo real para resistir.

Seja qual for o motivo, existe algo acontecendo que está deixando o comprador desconfortável para seguir em frente. Nesse momento, você precisa intervir, e ter empatia com as pessoas para tentar descobrir. Esta é uma ótima oportunidade para você isolar a objeção do comprador como meio de fornecer uma solução. Uma ótima pergunta a ser feita nesse caso é: *"Além de precisar pensar a respeito, quais outras preocupações você tem?"*. Lembre-se, não há problema em se atrever a ir a fundo no problema. Então, pergunte gentilmente: *"Se você não se importar que eu pergunte, o que mais você precisa pensar?"*. Esse nível de comunicação aberta e honesta permite que eles sejam abertos e honestos com você, especialmente se eles sentirem que você está realmente querendo ajudá-los, se puder. É outro exemplo de como você pode liderar a dança, liderar a interação e possivelmente levá-los a comprar agora.

Os clientes geralmente compartilham as respostas mais fáceis primeiro. As respostas fáceis são coisas que não fazem com que "pareçam ruins" na mente dos outros. Mas são as verdades mais difíceis que você deve conhecer, porque é aqui que você pode realmente ajudar. Geralmente, eles não se abrem para compartilhar motivos mais difíceis até que tenham a sensação de que você se importa e está realmente lá para ajudar. Cave fundo para descobrir: *"Quais são as suas preocupações? O que mais?"*. Às vezes—principalmente em uma economia difícil—as pessoas têm dificuldade em falar sobre o que está acontecendo em suas vidas.

Ouça bem e seja empática, enquanto os clientes contam mais informações pessoais. Isso significa que eles confiam em você o suficiente para se abrir e, portanto, é importante que você devolva o sentimento. Se nada mais funcionou no sentido de posicionar, questionar e fornecer recomendações de terceiros, tente compartilhar uma história sobre outro comprador que teve uma experiência semelhante, e como eles superaram. Lembre-se de que você não está lá apenas para vender uma casa; você está lá para ajudar o cliente a comprar uma casa, e para ajudá-lo a descobrir como juntar as peças para fazer isso.*

Recapitulando

• Primeiro, reconheça que cada cliente vem até você por um motivo. Embora as pessoas possam proferir objeções ao comprar uma nova casa, há algo que trouxe cada uma delas até você. Descubra os motivos dos clientes e identifique seus obstáculos para ajudá-los a progredir.

• Isole os problemas para obter clareza sobre a objeção, e estar melhor preparada para ajudar um cliente a resolvê-la.

• Empregue técnicas eficazes, dependendo do tipo de obstáculo que você encontrou, para ajudar a fornecer uma solução ao seu cliente.

• Faça perguntas e ouça atenta e abertamente o que um cliente diz—e não diz. Também esteja disposta a atingir os compradores em um nível pessoal, se aprofunde para obter resultados.

Questões Fundamentais

• *"Se você não se importar que eu pergunte, o que está te impedindo?"*

Problemas de Crédito

---

* Se você encontrar alguma objeção ou dúvida em seu mercado que não foi apresentado aqui, ligue ou me envie uma mensagem de texto com perguntas em +1 (916) 768-5525. Não será cobrado o atendimento.

- *"Você planeja financiar a casa?"*
- *"Você já conversou com um credor?"*
- *"Quanto eles disseram que você estaria qualificada a receber?"*
"Como está o seu crédito? Você conhece a sua pontuação de crédito?"
- *"Você já foi dono de uma casa antes?"*
- *"Você é o dono ou atualmente está alugando?"*
- *"Você teve uma falência, hipoteca ou venda em descoberto nos últimos dois anos?"*
- *"Você teve pagamentos em atraso de mais de 30 dias nos últimos dois anos?"*
- *"Você já pensou em trabalhar com um profissional de crédito?"*

Sem Dinheiro para Entrada
- *"Quanto você economizou para dar de entrada e para os custos de fechamento?"*
- *"De onde vem o seu dinheiro de entrada? Você tem acesso a algum fundo de empréstimo?"*
- *"Como você se sente ao usar a sua aposentadoria para investir em seu imóvel novo?"*
- *"Você sabia que pode ajustar suas retenções e trazer mais dinheiro para casa todos os meses?"*
- *"Quanto você pode economizar todo mês para dar de entrada?"*
- *"Você está disposto a fazer o que é preciso para tornar esta casa sua?"*

Conseguir um Acordo Melhor
- *"Que outros imóveis você está seriamente considerando?"*
- *"O que faltava que te fez não comprar?"*
- *"De todas as casas que você já viu até agora, como as nossas se comparam?"*
- *"Se você tiver uma ótima oferta nesta casa, compraria hoje?"*
- *"Se a empresa estiver disposta a aceitar sua oferta, quanto você*

estaria disposto a oferecer como adicional de entrada?"

Timing de Mercado e Queda de Preço
- *"O que você acha do mercado?"*
- *"Como você acha que se compara a três ou cinco anos atrás?"*
- *"O que você acha dos preços de hoje?"*
- *"Você já viu como estão baixas as taxas de juros?"*
- *"Você acredita que agora é o momento para comprar?"*
- *"Qual é o seu cronograma para comprar? Está baseado em quê?"*
- *"Se você encontrasse a casa perfeita hoje, quando a compraria?"*
- *"O que você está esperando?"*

Precisa Pensar a Respeito
- *"Além de precisar pensar a respeito, quais outras preocupações você tem?"*
- *"Se você não se importar que eu pergunte, o que mais você precisa pensar?"*
- *"Quais são suas preocupações? O que mais?"*

DOMINANDO O FECHAMENTO

"Se você quiser dobrar suas chances de sucesso, dobre suas chances de fracasso"
— Michael Eisner

Embora cada parte da experiência de compra de imóveis que você cria, seja um passo em direção às suas metas de vendas, o fechamento final é a questão mais importante durante a sua apresentação. Em grande parte, isso ocorre porque o fechamento está embutido em todas as partes da sua apresentação, em todas as perguntas que antecederam o momento crítico da tomada de decisões, em que você pede ao cliente para que compre. Ao solicitar uma compra, você também descobre as objeções e preocupações que possam estar impedindo o cliente de comprar imediatamente.

Hábitos de Uma Mestra do Fechamento

A primeira regra geral é sempre estar fechando. O que isso significa, é fazer continuamente perguntas que a ajudem a entender a perspectiva do seu cliente, e a orientar o seu pensamento para avançar com a compra hoje. Sempre estar fechando é uma técnica de vendas extremamente eficaz, pois ao fazer isso, você adapta sua apresentação aos interesses dos compradores, e automaticamente constrói o caminho para o fechamento final, com a participação constante do cliente. Esforce-se para fechar o contrato de compra durante a primeira visita.

A Teoria do Espaço

A Teoria do Espaço descreve como as qualidades nas quais você foca, permitem que os outros ajam da mesma forma. Durante a sua apresentação, ajuste seu comportamento e postura para refletir as características do seu cliente. Igualmente, haverá momentos em que você adotará os comportamentos que deseja que eles tenham com você. Há uma arte empática nesse ajuste de camaleão. Principalmente ao fazer a pergunta final, de encerramento para o comprador, você deve permanecer em um espaço de positividade. Seja ousada e confiante ao perguntar se eles desejam avançar com o contrato de compra. Como você se posiciona com um "*Sim*", segura de si, e emite uma qualidade positiva e corajosa, seu cliente também pode entrar no modo "*Sim*" com você.

Olhe-os nos Olhos

Para te ajudar a obter um resultado positivo, existem quatro gestos aparentemente pequenos, mas extremamente significativos, que você pode usar ao solicitar uma venda, e que ajudará seus clientes a seguir em frente imediatamente. O primeiro é olhá-los nos olhos quando você pedir a compra. Um bom contato visual demonstra sua fidelidade, sinceridade e confiança. Enquanto o cliente percebe seus pontos fortes, isso também os ajudará a ter a coragem de tomar a decisão de comprar hoje.

O que há em um Nome? PODER!

Segundo, sempre use o nome do cliente ao pedir a compra. Esta é uma área em que a regra dos 100% se aplica novamente. Use o nome do seu cliente 100% do tempo. *"Então, nome, o que você acha de avançar com o contrato de compra hoje?".*

Existe muito poder em usar o nome do cliente durante toda a sua apresentação, mas principalmente ao fazer a pergunta final. O uso do nome do cliente, conforme você pergunta, ajuda-o a sentir uma conexão mais pessoal com você e com a casa que está pensando em comprar.

Seja um Bobble Head

O terceiro hábito a se cultivar é acenar sutilmente com a cabeça um "Sim" ao fazer sua pergunta final. Embora seja menos direto do que dizer o nome de alguém ou olhar nos seus olhos, o efeito subconsciente é convincente. A linguagem corporal fala muito em interações pessoais. É a maneira tácita de conduzir o cliente. Da mesma forma que você fica no espaço físico do "sim", seu cliente pode seguir seu exemplo e responder com um "ok".

Eles também poderão fazer uma pergunta. Eles poderão expressar uma preocupação. Eles poderão dar uma desculpa do porquê eles não podem comprar. Eles podem dizer que precisam pensar mais a respeito. Não importa o que eles expressem e digam... faça o seguinte.

Cale-se

Finalmente, quando você fizer uma pergunta final, não diga outra palavra. Aguarde para falar novamente, pelo tempo necessário, para que o cliente responda. E dê a eles o espaço de conversação para responder com o máximo de informações que estão dispostos a compartilhar. Se a pausa silenciosa lhe for desconfortável, observe seu desconforto e respire! Lembre-se, ao fazer perguntas, você está orientando o cliente para a sensação de ter um novo lar, agora. Permita tempo e espaço para os clientes experimentarem seus próprios sentimentos e compartilhá-los com você. A pausa também oferece a oportunidade de observar e procurar a direção para o que mais você pode fazer ou dizer para apoiar o cliente. Fique quieta, observe e ouça os comportamentos mais importantes a se executar após o fechamento da venda. Faça questão de ficar absolutamente confortável com o silêncio.

PERGUNTE Mais de Uma Vez

Ao fazer perguntas durante a apresentação—sempre fechando com o comprador—estabeleça um segundo contexto para si mesma: peça a compra pelo menos três vezes, de três maneiras diferentes. Você solicita essa venda mais de uma vez, fazendo ajustes à medida em que avança, porque pode levar tempo para os clientes aumentarem o interesse e realmente se interessarem.

Pedir-lhes para comprar os leva a comprar, e o resultado final é que, e até que você pergunte aos clientes se eles gostariam de avançar com a compra hoje, eles não estarão tão tentados. Eles precisam ser tentados a comprar. Leve-os à tentação. Quando você pergunta, principalmente mais de uma vez, está demonstrando que está pronta e disposta a seguir em frente, o que lhes dá a capacidade de entrar na própria vontade de seguir em frente. Desempate essa interconexão humana.

Coloque em prática esses cinco hábitos no processo de fechamento. Receba o seu cliente no modo "*Sim*", olhe nos olhos deles, use o nome deles e, acene com a cabeça, faça uma pausa depois de fazer sua pergunta final e faça essa pergunta mais de uma vez. Ao fazer isso, você está ajudando seu cliente a obter o conforto necessário para tomar uma decisão afirmativa. Você está influenciando, de maneira significativa e eficaz, a oportunidade para seu cliente adquirir um de seus imóveis—melhorando a sua vida hoje.

Ajuste-se ao Comprador

Como ponto principal da sua apresentação, o fechamento final requer diferentes abordagens, dependendo da personalidade do comprador e das circunstâncias que envolvem a compra.

Antes do fechamento final, você já deve ter uma compreensão clara do que seus clientes desejam e precisam—sua situação e problemas, e as implicações de seus problemas. Isso inclui onde eles moram agora, por que estão se mudando e como a situação atual está afetando negativamente suas vidas no nível mental, emocional, financeiro ou de relacionamento. Você já deve ter posicionado cada cliente e restringido a seleção ao melhor local de acordo com suas preferências, e também já deve ter falado sobre valores de entradas e financiamentos. Saber onde os clientes estão na vida é essencial para ajudá-los a seguir em frente, assim como entender o tipo de personalidade de cada pessoa.

A expressão "os opostos se atraem" não se aplica às vendas e, principalmente, às vendas de imóveis. As pessoas tendem a comprar o que gostam, e as pessoas tendem a gostar daqueles que são como eles. Os profissionais de vendas mais bem-sucedidos da linha de frente, se comportam como um camaleão e se adaptam aos clientes. Você deve tratar os clientes da maneira que eles querem e precisam ser tratados, e vender da maneira que eles gostam de ser vendidos. Para fazer isso, certifique-se de conhecer os sinais reveladores dos quatro tipos de personalidade: controlador, analista, promotor e apoiador. Assim como o tipo de personalidade do cliente te diz como fazer sua apresentação, ela também revelará a melhor forma de fechamento a se usar.

12 Técnicas para Fechar a Venda

Cada tipo de personalidade possui qualidades e características distintas que podem facilitar ou dificultar o fechamento. A chave é saber como usar essas características para obter vantagem. A seguir, apresento doze técnicas, incluindo pontos de expressão e dicas de interação, para ajudá-la a fechar com os diferentes tipos de compradores, e para que você possa fechar a venda hoje.

Controladores

Controladores são executores. Eles estão voltados para os resultados, pessoas de negócios em primeiro lugar. Eles são diretos e decididos e podem até ser impacientes. Eles precisam estar certos, ou pelo menos pensar que estão certos sobre as coisas; portanto, esteja preparada para ouvir o que os controladores querem, do momento que entram pela porta. Você deve ser direta ao trabalhar com este grupo. Os controladores a respeitarão por isso, principalmente quando você pedir para que eles comprem.

Fechamento Direto

Enquanto uma escola de vendas não te aconselha a fazer uma pergunta de sim ou não, essa abordagem se encaixa muito bem na comunicação normal. É aceitável fazer uma pergunta de sim ou não, principalmente com controladores. Eles são pessoas muito diretas e não terão problemas com uma pergunta direta: *"Esta é a casa que você deseja ter?"*. Quando você estiver chegando no fechamento, o controlador provavelmente já se decidiu. Se você receber um *"Sim"* para a última pergunta, continue com *"O que você acha de avançar com o contrato de compra hoje?"*. Se você receber um *"Não"*, faça outra pergunta direta e simples: *"OK, como não?"*, ou *"Por que não?"*.

Pode haver uma objeção que você deve superar para mudar a situação, portanto, a partir daí, você deve tentar trabalhar com o que quer que seja o "*Não*".

Fechamento com Aperto de Mão

Com os controladores muito diretos, é importante não apenas envolvê-los diretamente em troca, mas ser assertivo com eles. Quando sua apresentação estiver concluída e você quiser fechar com o controlador, estenda sua mão, exatamente como você fez na apresentação. É uma forte afirmação de que você está pronta para selar o acordo de sua nova casa. Olhe o controlador bem nos olhos, acene com a cabeça e diga: "*Então, [Nome do Cliente], temos um acordo?*", ou "*Você está pronto para avançar com a compra hoje, [Nome do Cliente]?*". Você pode até oferecer seu aperto de mão em um espírito de congratulação: "*Parabéns. Parece que temos um acordo?*".

Fechamento Imediato

Se e quando suas duas primeiras tentativas não funcionarem para obter uma resposta afirmativa, tente o fechamento imediato. O fechamento imediato pode ser uma técnica extremamente eficaz para as pessoas que são controladoras, mas exige que você tenha confiança. Você está desafiando o controlador, em certo sentido, e o controlador tende a ser dominante. Nesse caso, você deve aumentar a urgência do controlador, e precisa atingir o processo decisão deles: *"Sabe, basta um comprador sortudo para comprar esta casa—e é a melhor casa. Deseja torná-la sua antes que alguém o faça, nome?"*. Os controladores não gostam da ideia ou do sentimento de perder o controle sobre seu próprio destino. Você também pode falar sobre outro grupo de clientes que também estão interessados no mesmo lote. Pergunte a eles: "*Se eles decidirem comprá-lo, qual seria sua segunda escolha?*". Os controladores também tendem a não se contentarem com o segundo melhor. Essa linha de raciocínio pode levá-los a avançar imediatamente.

Analistas

Analistas são pensadores. Eles tendem a ser pessoas mais atenciosas e voltadas para os detalhes. Geralmente querem saber todas as informações antes de tomar uma decisão, e são muito persistentes em reunir essas informações. Da mesma forma, você precisa ser persistente com eles, pedindo que avancem com a compra pelo menos três vezes.

Eles tendem a ser mais lentos para tomar a decisão de comprar, por isso é importante apelar para a lógica e o intelecto ao pedir a compra. Os analistas tendem a ter a necessidade de não estarem errados quanto à sua decisão, portanto, seja cuidadosa e específica na sua abordagem com os analistas.

Fechamento Lógico

Com as pessoas analíticas, os fechamentos feitos por comparação ou direcionados às qualidades da casa, geralmente ressoam mais fortes. As chances são de que eles conheçam as tendências do mercado e os pontos mais marcantes de seus concorrentes, assim como você—até os recursos, benefícios e garantias—então você realmente precisa conhecer muito bem as informações para se conectar com esse grupo. Faça perguntas que te permitam avaliar o que o analista está pensando. Consiga acordos ao apelar para as faculdades de análise deles: *"Examinamos todas as suas necessidades, e a casa atende bem à essas necessidades, certo? Então, nome, você não acha que faz sentido avançar com o contrato de compra hoje?".* Envolva os analistas de maneira mental, enquanto você pede a compra.

Fechamento Reduzindo ao Ridículo

Como os analistas são muito voltados para aos valores, eles estarão interessados em saber como os números se compõem. Reduzir ao ridículo é uma ótima técnica para empregar com os analistas, pois você pode reduzir o valor que eles gastam para um valor mensal, semanal ou diário. Por exemplo, R$ 1.000 adicionais em um preço representam apenas R$ 5 a mais por mês, R$ 1,25 por semana, ou seja, 16 centavos por dia. Quando você aponta isso para um analista, ele reflete. É uma ótima maneira de justificar o valor para os analistas e, depois de mostrar a eles o quanto custa algo, você pode prosseguir com: *"Com base nessa comparação, você concorda que o nosso valor é o melhor?"*. Agora, pergunte novamente: *"Então, faz sentido, nome, entrarmos com a papelada?"*.

Fechamento de Informação Adicional

Os analistas investem muito tempo e energia na garantia de que nenhum erro será cometido. Ao fechar com eles, honre a necessidade de informações com uma pergunta simples, como: *"Quais informações adicionais você precisa, [Nome do Cliente], para chegar em uma decisão?"*, ou *"O que mais você ainda está questionando, [Nome do Cliente]?"*. Se você se sentir confortável em ser mais assertiva, pergunte: *"Há mais alguma coisa sobre a qual você ainda está em dúvida antes de fecharmos com a documentação, [Nome do Cliente]?"*.

Promotores

Promotores são conversadores. Eles colocam muita energia nos relacionamentos pessoais e têm muitos amigos. Como seres super sociais, eles tendem a ser expressivos, dramáticos, entusiasmados, divertidos e emocionais. Seus cérebros entendem muitas coisas ao mesmo tempo, então, às vezes, parecem ter falta de foco. Portanto, você precisa manter sua apresentação em movimento, pronta para mudar de direção rapidamente, principalmente quando perceber que eles estão perdendo o interesse pelo que você está mostrando ou dizendo. Eles também tendem a tomarem decisões espontaneamente. Então, quando você pedir ao promotor para comprar hoje, envolva-o na emoção da experiência por meio de suas palavras e ações.

Fechamento Pretensioso

Desde que você seja positiva e esteja pronta para seguir em frente, o promotor provavelmente a seguirá. Este é o grupo certeiro com o qual fazer a venda. Aja como se o cliente já tivesse tomado a decisão e volte o foco da conversa para as opções ou datas, ou qualquer outra coisa que implique que a casa é deles: *"A data de conclusão em setembro funciona para você?"*. Assumir uma postura de avanço com a venda é uma ótima técnica para se usar com o promotor. Eles pularão com entusiasmo na sua prancha de surf, e acompanharão a onda de emoção até o fim com você, se você os levar até lá.

Fechamento Um Mundo de Possibilidades

Você sempre deve ter uma visão de futuro com o promotor. Esse grupo costuma pensar nas maiores e melhores possibilidades. Aproveite a emoção deles: *"Você não está animado, [Nome do Cliente], por ter comprado uma casa nova e bonita hoje?"*. Se parecer que a compra vai precisar de um empurrão—com os problemas de crédito, um contrato atual ou alguma outra consideração que atrasa o processo ou dificulta a compra—pergunte ao cliente: *"Você está disposto a fazer o que for necessário para que a compra aconteça hoje?"*. Por serem pessoas emocionais, os sentimentos dos promotores desempenharão um papel importante na sua decisão. Pergunte ao promotor: *"Como você se sente transformando essa casa em sua hoje, [Nome do Cliente]?"*.

Fechamento de Concessão

E finalmente, depois de tentar os outros dois fechamentos e abordar qualquer uma das objeções e preocupações deles, tente aumentar a emoção com uma oferta. Os promotores adoram regalias. Qualquer coisa que você faça para tornar a compra mais tentadora, certamente chamará a atenção deles.

Descubra o que você pode oferecer para influenciar ainda mais o cliente a comprar hoje, perguntando: *"O que você planeja comprar para sua casa depois de se mudar?"*. Dessa forma, você saberá se a sua construtora oferece a opção que seu cliente precisa, como ventiladores de teto, portas de garagem automática, concreto trabalhado, revestimentos de janelas, paisagismo ou eletrodomésticos, apenas para citar alguns. Ao incentivar o fechamento, no entanto, você não deve oferecer os extras logo de cara. No minuto em que você oferece, ele se torna um dado. Em vez disso, use-os como uma ferramenta de tentação. *"Se eu conseguisse os utensílios de cozinha, <u>nome</u>, você compraria hoje?"*.

Ou se o cliente pedir R$ 20.000 de desconto no preço, responda: *"Se minha construtora lhe der R$ 20.000 de desconto, quando você a compraria?"*. O cliente saberá que a resposta certa é *"Hoje"*. Use a concessão como moeda de troca. Troque o promotor por uma decisão de compra hoje, e talvez você também feche o negócio com um valor de entrada mais alto. Não comece a negociar, a menos que o cliente esteja disposto a avançar imediatamente. A inclusão de opções, como eletrodomésticos ou qualquer coisa que eles possam precisar comprar após o fechamento do depósito de entrada, é uma ótima maneira de levar os promotores ao "sim".

Apoiadores

Os apoiadores são ouvintes. Eles tendem a ser muito amigáveis e voltados para o relacionamento, embora não sejam tão expressivos quanto os promotores. Eles tendem a depender da aprovação dos outros, desejando agradar a todos antes de si. A empatia é extremamente importante no trabalho com os apoiadores. Como o relacionamento é absolutamente mais importante para esse grupo, você pode se permitir mais espaço para pedir o fechamento do que com os outros grupos. Os apoiadores não respondem bem a pressão. Você precisa ser paciente, pois eles podem demorar a tomar uma decisão, e adote uma abordagem voltada para serviços. Seu principal esforço para fechar com o apoiador, deve ser reafirmar que seguir em frente com a compra da casa é a decisão certa. De fato, o apoiador muitas vezes passa para outra pessoa a tomada de decisão. Essa pessoa pode ser você!

Fechamento de Experiência

O fechamento de experiência permite combinar o imóvel com a personalidade mais sutil do apoiador. Eles geralmente estão na forma de declarações do tipo "E se...?" —algo de natureza hipotética. *"Se você fosse o dono da casa, em qual cômodo você faria seu escritório?"*, e *"Seus móveis caberiam aqui?"*. Dessa forma, você pode testar as ondas emocionais e ter uma ideia do que eles estão sentindo.

Ou, para apelar ainda mais aos sentimentos sobre a casa e a família dos apoiadores: *"Se você comprar essa casa, os feriados serão na sua casa este ano?"*. A ideia de tomar uma decisão pode assustar esse grupo, por isso é melhor acalmá-los com a compra os apoiando e exaltando.

Fechamento Emotivo

Os apoiadores são pessoas emocionais. Conectar seu senso de propriedade a algo sobre o qual eles têm sentimentos fortes, é uma abordagem muito eficaz. *"Não seria bom transformar este imóvel em um lar para sua família?"*. Ao procurar ser empática, deixe-os ver que você realmente está lá para eles. *"Este é o imóvel ideal para você, e eu estarei presente em todas as etapas, ok?"*. Ofereça esse serviço maravilhoso e inigualável para que os apoiadores possam se sentir seguros com suas decisões. *"O que você acha, <u>nome</u>, em concluir o contrato de compra comigo hoje?"*. Torne-o algo pessoal, colocando-se na experiência de fechamento com eles, para que se sintam completamente apoiados por você.

Diga-lhes para Comprar, Amigavelmente

Ao contrário do que muitos pensam, você pode dizer ao cliente para comprar. Tomar a decisão pelos apoiadores é a maneira mais favorável de ajudá-los a seguir em frente. Isso não deve ser confundido com dar ordem ao cliente para comprar. Lembre-se de que as pessoas que tendem a ser naturalmente solidárias costumam recorrer a outras pessoas para tomar decisões.

Desde que você tenha realmente estabelecido um relacionamento de confiança com esse cliente, a ponto dele não a considerar apenas *uma* consultora de confiança, mas *a* consultora de confiança, você terá o poder de dar o sinal de OK. Esse é um ato engenhoso para tomar uma decisão pelo cliente e equilibrá-lo para não parecer agressivo. Abaixe sua voz, talvez se posicione em pé na cozinha ou sentada nos móveis do seu modelo decorado, e simplesmente diga: *"Aqui, [Nome do Cliente], deixe-me ajudá-lo. É aqui que você assina"*. Este é um dos fechamentos mais ousados que você pode fazer. Isso deve ser feito com o máximo de cuidado e leveza. Lembre-se, a Teoria do Espaço diz que as qualidades as quais você adota, permite que outros façam o mesmo. Muitas vezes, o apoiador tem medo de avançar, principalmente sozinho. Se você está realmente lá para eles, pode ser a única com a coragem para ajudá-los a serem corajosos também. Agora, esse é o atendimento para um dos clientes mais desafiadores!

Possibilidades Ilimitadas

É o seu ser—o que você faz e as ações que realiza—que a levarão ao que você quer na vida. Dominar o fechamento é uma questão de cultivar seu próprio estado de ser, bem como sua capacidade de se adaptar aos estados de outros. Cada vez que você define o contexto para uma experiência de compra positiva, atendendo com cuidado ao cliente na sua frente, está estabelecendo a possibilidade de sucesso. O fechamento é onde você aproveita a oportunidade, onde faz esse sucesso real.

Recapitulando

• Os hábitos de uma mestra no fechamento incluem olhar nos olhos do cliente quando você pede o fechamento final, acenando com a cabeça em "sim", sempre usando o nome deles ao perguntar e ouvir todas suas respostas.

• Existem quatro tipos diferentes de personalidade para você se preparado para trabalhar: Controlador, Analista, Promotor e Apoiador (CAPA).

• Para cada tipo de comprador, peça a compra pelo menos três vezes, de três maneiras diferentes—dando uma atenção especial aos métodos mais eficazes para cada grupo.

Mike Eisner disse no início deste capítulo que: *"Se você quiser dobrar suas chances de sucesso, dobre suas chances de fracasso"*. Quero sugerir que se você estiver comprometida em aumentar sua taxa de fechamento, principalmente na primeira visita, dobre, triplique, ou até mesmo quadruplique sua taxa de pedidos de compra.[*]

---

[*] Se você deseja praticar o fechamento comigo, ligue ou envie uma mensagem

Questões Fundamentais

Controlador
- *"O que você acha de avançar com o contrato de compra hoje?"*
- *"Esta é a casa que você deseja ter?"*
- *"Temos um acordo?"*
- *"Você está pronto para avançar com a compra hoje?"*
- *"Deseja tornar esta casa sua antes que outra pessoa o faça?"*

Analista
- *"De todas as casas que você viu até agora, como as nossas se comparam?"*
- *"Que outros imóveis você está seriamente considerando?"*
- *"Baseado em comparação, você concorda que o nosso valor é o melhor?"*
- *"Faz sentido entrarmos com a papelada?"*
- *"Quais informações adicionais você precisa para se decidir?"*
- *"Há mais alguma coisa sobre a qual você ainda está em dúvida antes de fecharmos com a documentação?"*

Promotor
- *"Você não está animado por comprar uma casa nova e bonita hoje?"*
- *"Você está disposto a fazer o que for necessário para que a compra aconteça hoje?"*
- *"Como você se sente transformando essa casa em sua hoje?"*
- *"O que você planeja comprar para sua casa depois de se mudar?"*
- *"Se eu conseguisse os utensílios, você compraria hoje?"*
- *"Se minha construtora lhe der R$ 20.000 de desconto, quando você a compraria?"*

para: +1 (916) 768-5525. O atendimento é gratuito.

Apoiador
- *"Se você fosse o dono, em qual cômodo você faria seu escritório?"*
- *"Seus móveis caberiam aqui?"*
- *"Se você comprar essa casa, os feriados serão na sua casa este ano?"*
- *"Não seria bom transformar este imóvel em um lar para sua família?"*
- *"O que você acha de concluir o contrato de compra comigo hoje?"*

ACOMPANHAMENTO FANTÁSTICO

"Nós somos aquilo que fazemos repetidamente. A excelência, portanto, não é um ato, mas sim um hábito".

– Aristóteles

****

Quando eu fui a vice-presidente de vendas e marketing da Beazer Homes, eu costumava visitar todas as minhas comunidades, principalmente quando grandes promoções aconteciam. Durante uma grande promoção, parei em uma comunidade para conversar com uma das minhas melhores corretoras. Eram aproximadamente oito horas da noite quando cheguei no seu estande de vendas—estava tudo muito ocupado—e lembro-me dela me olhando, perturbada pela preocupação. Ela disse: "Christine, eu não vendi um único imóvel hoje. Não sei o que aconteceu". Então ela me mostrou uma pilha de pesquisas de visitantes concluídas.

Eu fui até o telefone dela, fingi discar um número e fiz uma simulação de acompanhamento. Quando desliguei, disse: "O que eu gostaria que você fizesse é ligar para todas essas pessoas antes de fechar o dia, e ver se você consegue agendar horários para que elas voltem amanhã". Cerca de uma hora depois, recebi uma ligação dela enquanto ela estava dirigindo para casa. Ela havia marcado três consultas para o dia seguinte.

Ao fazer o acompanhamento dos clientes enquanto a experiência ainda estava fresca em suas mentes, ela demonstrou um atendimento de pré-venda sem precedentes e conseguiu capitar o impulso que havia criado no início do dia para reter o interesse de seus clientes, o que resultou em vendas.

****

Por que Acompanhar?

O principal motivo para fazer o acompanhamento de seus clientes, é que as chamadas levam a contatos e os contatos levam a contratos. O acompanhamento é uma maneira simples de criar pontos de inflexão no seu sucesso de vendas. Uma breve ligação telefônica, seguida de um breve e-mail ou mensagem, demonstra aos compradores que você está a serviço deles, mesmo depois que eles já saíram do seu estande de vendas. O acompanhamento é uma das principais oportunidades para mostrar a qualidade da sua empresa, e obter resultados no processo. Quanto maior o contato que você tiver com seus clientes em potencial no início da experiência, mais rápida será a realização das vendas.

Como Fazer o Acompanhamento?

Embora muitas pessoas prefiram a conveniência do e-mail, a melhor forma de entrar em contato com seus clientes é falando com eles. Essa também é a melhor maneira de se conectar a eles. Para os iniciantes, é muito provável que a sua concorrência não esteja fazendo ligações pessoais, o que significa que, se você fizer, estará se diferenciando do resto. Ao fazer um esforço para alcançar pessoalmente seus compradores, você demonstrará sua dedicação em ajudá-los a avançar com suas próprias vidas. Além disso, telefonemas e mensagens de texto são, de longe, mais eficazes que os e-mails. Embora o e-mail seja fácil e pareça não invasivo, eles também são excluídos facilmente. Em questão de atingir seus compradores, sempre pegue o telefone e ligue primeiro. Em seguida, envie a mensagem de texto. Isso fará uma enorme diferença na sua taxa de resposta e eficácia.

Truques de Barganha

Para garantir que você tenha tudo o que precisa para alcançar seus clientes e fornecer o melhor serviço possível, confirme as informações de contato deles antes que deixem o seu estande de vendas. Como a ligação será o seu principal modo de contatá-los, primeiro verifique se você tem o número de telefone correto. É importante perceber que nem todos os clientes fornecerão informações precisas. A maioria quer, mas há pessoas que não querem ser contatadas por um motivo ou outro. Portanto, para confirmar as informações imprecisas, existe um truque simples de barganha.

Quando um cliente fornecer seu número de telefone, repita o número, mas inverta dois dos números enquanto o faz. Por exemplo, se você receber um número com os últimos quatro dígitos -5525, diga algo como: *"Ok, deixe-me confirmar se eu entendi direito. 916-768-5255?"*. Se o cliente o corrigir, ele confirmará que você recebeu o número de telefone correto. Se não o corrigir, é provável que o número seja falso e esse cliente não é alguém em que você deva dedicar o seu tempo.

Se um cliente devolver a pesquisa de visitantes e você perceber que ele completou tudo, mas omitiu um número de telefone, basta solicitá-lo. *"Percebi que você não incluiu seu número de telefone. Você se importaria que eu te contatasse por telefone?"*, ou *"Tudo bem se eu te contatar?"*.

Se você realmente demonstrou um atendimento incomparável— reservando um tempo para aprender sobre a situação do indivíduo e quaisquer problemas pessoais, e as implicações desses problemas; demonstrando o valor e a qualidade de seus imóveis; e discutindo o financiamento e as opções disponíveis—a maioria das pessoas pensarão bem, e te fornecerão um número de telefone legítimo. Se o cliente responder com algo como: *"Bem, prefiro não divulgar"*. Então, basta perguntar novamente: *"Tem certeza de que não deseja que eu o contate?"*. Não force muito se o cliente parecer resistente, mas a maioria das pessoas incluirá o número de telefone quando você perguntar pela segunda vez.

Além dos números de telefone, verifique os endereços de e-mail pessoais usando a mesma abordagem. Ter informações de contato precisas é essencial para um acompanhamento eficaz.

Quando Acompanhar?

O acompanhamento no mesmo dia é mais eficaz para agendar compromissos de retorno. Sempre faça suas ligações, e envie mensagens de texto e e-mail no final de cada dia. Se você não tem clientes, gaste seus 30-60 minutos finais fazendo chamadas como última ação para a formação de negócios, antes de fechar seus modelos decorados e ir embora. Você não apenas se sentirá realizada no serviço prestado durante todo o dia, mas também poderá marcar alguns compromissos com os clientes. Se não fizer ligações de acompanhamento no final do dia útil, pode ter certeza de que não receberá compromissos de retorno no dia seguinte. Por outro lado, se você fizer suas ligações de acompanhamento imediatamente, será quase garantido que conseguirá agendar alguns compromissos de retorno.

Da mesma forma, crie o hábito de fazer ligações de acompanhamento adicionais logo de manhã para aquelas pessoas que você não conseguiu contatar na noite anterior. Chegue cedo no escritório para deixar seus modelos decorado abertos e prontos para os negócios. Depois, tome de 30 a 60 minutos no início do dia para se sentar e fazer suas ligações. Fazer suas ligações pela manhã pode ser uma ótima maneira de entrar no ritmo de vendas do dia.

Embora você possa trabalhar com chamadas de acompanhamento durante o dia, se tiver a oportunidade, dedique um tempo específico ao processo. Criar o hábito de acompanhar é uma das chaves para se gerar resultados. Qualquer que for a hora do dia que você ache mais eficaz fazer suas ligações de acompanhamento, integre-a à sua rotina diária.

Registro de Dados

O registro de dados é um dos maiores obstáculos no acompanhamento da venda de imóveis. No que diz respeito a importância do acompanhamento, deve-se dizer que o contato contínuo com os clientes não é possível, se você não registrar os dados para começar primeiro. Para a maioria das pessoas, o registro de dados é uma parte dolorosa do processo. Mas tem de ser feito.

De preferência, você digitaria as informações no banco de dados do computador assim que o cliente sair do seu estande de vendas. Além disso, coloque o nome e o número do celular deles no seu celular. Levar alguns minutos após a saída de cada cliente interrompe o processo, mas também permite que a empresa aproveite suas campanhas automatizadas de e-mail.

Quanto mais cedo você colocar informações do cliente no sistema, mais rapidamente sua empresa e seu cliente se beneficiarão do contato que foi feito. Descubra o que funciona para você, e torne o registro de dados uma parte de sua rotina, assim como o próprio acompanhamento. Os benefícios superam muito o fardo.

As Três Fases do Acompanhamento

Quando se trata de criar uma experiência maravilhosa de compra de imóvel, há três fases nas quais você deve acompanhar seus clientes: após a visita inicial, após a conclusão do contrato de compra, e após o dia da mudança. A primeira fase ocorre com seus futuros clientes, seus possíveis compradores de imóveis, com quem você faz o acompanhamento depois de apresentar seus modelos. Na segunda fase, você está acompanhando os clientes que concluíram o contrato de compra e estão atualmente no depósito de entrada. E na terceira fase, você está acompanhando seus clientes que fecharam o depósito de entrada e já se mudaram para a nova casa.

Os futuros clientes são o principal foco dos esforços de acompanhamento, pois são eles que você precisa captar, e que podem exigir um esforço maior. No entanto, como corretor de imóveis, é seu trabalho atender a todos os clientes em todas as fases do processo de compra do imóvel, para garantir uma experiência positiva e grandiosa para eles. Essas três fases e dicas ajudarão você a se envolver com os clientes em cada momento específico.

Depois da Visita

Quando um cliente chegar para uma visita inicial, é claro que você vai fazer com que ele ou ela complete a pesquisa de visitantes para registrar e guardar as informações de contato. Após a saída do cliente, esteja preparada para entrar em contato no mesmo dia.

Acompanhamento no Mesmo Dia

O acompanhamento no mesmo dia é incrivelmente eficaz, porque vocês dois estarão frescos na mente um do outro. Você se lembrará dos detalhes pessoais—e com certeza registrou algumas anotações—que farão a diferença na extensão do serviço personalizado, e o cliente poderá recordar mais prontamente os benefícios e os recursos de seus imóveis.

Você pode hesitar em fazer o acompanhamento no mesmo dia da visita do cliente, com medo de parecer agressiva, mas para isso existem alguns conselhos simples: se você não for agressiva, você não será considerada agressiva. Aborde-o com espírito atencioso e prestativo.

O acompanhamento feito no mesmo dia a diferenciará automaticamente de outras construtoras do setor. No mínimo, a maioria das empresas ligam um dia depois, ou mais provavelmente, uma semana depois. Porém, até lá, os clientes já esqueceram como são suas casas, porque estarão visitando outras comunidades. Um dos desafios do setor imobiliário, é que existem muito poucos modelos que se destacam completamente dos outros. Mas se você pegar o telefone e ligar para os clientes, eles lembrarão de você e de suas casas, e reconhecerão o serviço que a sua construtora fornece.

Roteiro

Quando você entrar em contato com os clientes para fazer o acompanhamento no mesmo dia, existe um roteiro simples que você pode usar para demonstrar seu serviço. Ele também te ajudará a descobrir onde você e seu imóvel estão na mente do cliente.

"Olá [Nome do cliente], aqui é a [Seu nome] da [Nome da empresa]. Eu só queria entrar em contato com você antes de sair para ver o que você está achando e sentindo sobre a casa, e se você tem mais dúvidas que eu possa esclarecer?".

Abordar seus compradores dessa maneira, no mesmo dia da visita, também oferece a capacidade de responder a quaisquer dúvidas que eles possam ter tido depois que saíram. Os clientes costumam se envolver com a experiência de visitar casas. Somente quando a pressão diminui é que eles pensam em mais perguntas. O acompanhamento no mesmo dia também permite que você supere quaisquer objeções que eles possam ter. Alguns podem realmente querer comprar, mas têm preocupações específicas e não têm certeza de que podem ser atendidas. As ligações de acompanhamento feitas no mesmo dia, permitem que você responda imediatamente as perguntas dos compradores e aproveite a sua urgência.

Acima de tudo, o objetivo principal da ligação de acompanhamento feita no mesmo dia, é agendar um dia e um horário para o retorno do cliente. É claro que você liga para eles para continuar demonstrando o serviço de qualidade, para responder a perguntas e superar objeções, mas em última análise, você liga para o cliente para que volte ao estande de vendas e avance com a compra do imóvel.

Se você não conseguir agendar um horário de retorno, continue perguntando: *"Tudo bem se eu o contatar depois de amanhã? Ou daqui a uma semana?"*. Tente obter um acordo com comprador sobre quando falar novamente. Você também pode perguntar: *"Quando devo contatá-lo novamente?"*. Depois siga com o combinado, exatamente como eles sugeriram.

Ligações vs. Conversas

As chamadas de acompanhamento não se referem somente a discar números, mas sim a alcançar pessoas. Cada ligação deve resultar em uma conversa com o cliente, que te permita desenvolver o relacionamento e continuar avançando com a venda.

Quando você se sentar no final do dia para fazer suas ligações de acompanhamento, tente pelo menos três vezes contatar seus clientes. Se você receber uma mensagem de voz, desligue e vá para o próximo contato da lista. Depois de passar por toda a sua lista, comece do topo e tente novamente.

Na terceira tentativa, deixe uma mensagem usando o roteiro da página anterior, juntamente com o seu número de telefone e endereço de e-mail. Após três tentativas, a maioria das pessoas percebem que alguém está realmente tentando falar com elas. A curiosidade delas se manifestará e elas responderão. Não desista. Você deve estar continuamente avançando com a venda.

E-mail de Acompanhamento

O acompanhamento com ligações telefônicas deve sempre ser prioridade, mas os e-mails também podem ser uma medida eficaz. Quando se trata do e-mail de acompanhamento, você precisa de um assunto cativante e que não se exceda no texto.

A mensagem de e-mail deve ser curta e agradável—no máximo algumas frases, com uma chamada para ação logo no início: *"Ei [Nome do cliente], vamos agendar um horário para você voltar"*. No corpo do e-mail, considere quaisquer links ou widgets que incentivem o cliente a continuar olhando suas casas por conta própria. Destaque também todas as frases-chave em texto vermelho ou cor semelhante. Certifique-se de que informações importantes se destaquem para os leitores. Para concluir o e-mail, informe ao cliente que você entrará em contato em breve: *"Entrarei em contato com você novamente no sábado"*, ou *"Ligo para você novamente dentro de uma semana"*. E, assim como no telefone, faça exatamente como prometeu.

Acompanhamento de Corretores

Além de seus clientes, você também deve entrar em contato diretamente com os corretores. Não apenas os corretores de imóveis podem ajudá-la a entrar em contato com seus clientes, mas também são pessoas com as quais você pode construir relacionamentos duradouros.

Repita e Finalize

Acompanhe seus clientes até deixar três mensagens. Nesse ponto, faça sua última tentativa. Aqui está uma sugestão de roteiro:

"Olá [Nome do cliente], aqui é a [Seu nome] da [Nome da empresa]. Eu só queria entrar em contato com você mais uma vez. Eu deixei três

mensagens e não recebi notícias suas. Gostaria de saber se você ainda está interessado em nossos imóveis e se gostaria que eu continuasse contatando você. Por favor, me ligue no [Seu número de telefone] ou envie um e-mail para [Seu e-mail]. Quero que saiba que estou aqui para ajudá-lo quando for a hora certa. Tenha um ótimo dia!"

Se ainda assim você ainda não receber uma resposta, esteja preparada para encerrar o contato com esse cliente. Seu foco deve permanecer nos compradores mais urgentes na busca por uma casa, e com maior probabilidade de comprar. Nesse momento, permita que a campanha de e-mail padrão da empresa assuma o controle.

Mensagens de Texto e as Anotações Manuscritas

Em contrário às sugestões de hoje em dia, a nota manuscrita como parte do acompanhamento de pré-venda com todos os compradores é, em geral, um desperdício de tempo e dinheiro. Embora seja reconhecidamente um gesto bonito, e possa funcionar em comunidades de construtoras onde há pouco tráfego, as anotações manuscritas raramente são tão convincentes a ponto de levar o cliente a agendar uma visita de retorno, muito menos a comprar uma casa. Atualmente, é mais provável que uma mensagem de texto obtenha uma resposta. Primeiro, as mensagens de texto são curtas e objetivas. Elas são uma maneira de manter contato com seus potenciais compradores sem sobrecarregar ou ser muito assertiva. Você tem a velocidade de uma ligação, e a distância segura de um e-mail. E é muito mais provável que você obtenha uma resposta, pois é fácil para o cliente responder. Guarde a nota de agradecimento escrita à mão para quem realmente comprar.

Depois da Compra

Para os clientes que concluíram o contrato de compra, defina uma meta para obter referências enquanto eles estão no contrato. Para fazer isso, brinque com o estado de espírito dos clientes—você deve trabalhar com o entusiasmo deles.

"Olá [Nome do cliente], aqui é a [Seu nome] da [Nome da empresa]. Queria parabenizá-lo por comprar a sua casa. Você tomou uma ótima decisão! Você tem alguma dúvida em que eu possa ajudar?".

Continue a apresentar o nível de serviço com o qual seus clientes se acostumaram vindo de você e sua empresa. Esteja sempre presente para eles. Além disso, quando fizer uma ligação para dar os parabéns, aproveite a oportunidade para informar o cliente sobre o programa de indicação da sua empresa: *"Também estou ligando para lembrá-lo sobre o nosso incrível programa de indicação para compradores de imóveis".*

Como uma regalia adicional, depois que os clientes decidirem comprar o imóvel, envie-lhes algo pessoal. Esta é a oportunidade de dedicar alguns minutos para escrever uma nota de agradecimento, expressando sua gratidão pelos negócios com eles. Os clientes irão apreciar o ato. Ao enviar a nota, inclua também alguns cartões de visita que seu cliente pode passar para outras pessoas.

Depois da Mudança

Quando o seu cliente estiver com as chaves de sua própria casa, o entusiasmo será alto—aproveite a oportunidade para engrandecer a experiência. Ligue imediatamente: *"Olá, aqui é a [Seu Nome], só queria entrar em contato para ver como você está com a sua nova casa, e se há algo que eu possa fazer para ajudar?".* Também aproveite a oportunidade para fazer uma visita na casa nova e ofereça um presente. Dê algo, como uma planta por exemplo, que seja duradouro e crie uma boa lembrança na mente do seu cliente. No mínimo, ele apreciará a oportunidade de mostrar a nova casa. E, ao cumprir a sua promessa com o atendimento, você também deve perguntar sobre futuros clientes para atender: *"Você conhece alguém que também estaria interessado em morar por aqui?"*. Quando você cria fãs com seus compradores, pode criar mais com outras pessoas.

Acompanhamento Juntando Tudo

De diversas formas, o acompanhamento é o ponto culminante de tudo o que você fizer como excelente corretor profissional. O acompanhamento requer uma mentalidade lucrativa. É preciso conhecer o seu porquê. É parte de atrair os negócios. É certamente um exercício para ser um comunicador mestre. Trata-se de saber como conectar diferentes personalidades. Trata-se de continuar com uma apresentação perfeita, mesmo além das casas modelo e do estande de vendas. O acompanhamento, se feito imediatamente, é uma ótima maneira de esmagar a concorrência. Também é uma ótima maneira de saber onde você está com as contingências. É um método excelente para ajudar os clientes a superar suas objeções, uma vez que eles saem do seu estande de vendas para pensar sobre as coisas. E é o caminho para ganhar a venda.

Ao conduzir um acompanhamento fantástico, observe que é uma oportunidade para você colocar tudo em prática, capitalizar seu trabalho duro e alcançar seus objetivos. No final do dia, você não está apenas acompanhando seus clientes, mas também seus próprios desejos e necessidades, seus próprios sonhos.

Recapitulando

• O acompanhamento não precisa ser desgastante para ser eficaz. Simplesmente crie o hábito de fazê-lo. Além disso, contatar seus clientes—principalmente por telefone—pode criar um ponto de modificação em suas vendas.

Questões Fundamentais

- *"Você se importaria se eu entrasse em contato com você?"*
- *"Você tem mais alguma dúvida em que posso te ajudar?"*
- *"Tudo bem se eu entrar em contato no dia depois de amanhã, ou depois de uma semana?"*
- *"Quando devo te contatar novamente?"*
- *"Tem mais alguma coisa em que possa ajudar?"*
- *"Você conhece alguém que também estaria interessado em morar por aqui?"*

POSFÁCIO: COMPLETANDO O CÍRCULO

"Toda ação gera uma força energética que retorna a nós da mesma forma".

– Deepak Chopra

Carma

Em um nível metafísico, as leis espirituais governam o sucesso na venda de imóveis. Carma é o entendimento e a percepção de que, ao colocar boa energia, você recebe boa energia de volta, você recebe boas coisas de volta. Portanto, é importante escolher ações que gerem felicidade, sucesso e riqueza para os outros, se é isso que você deseja que retorne para você. Tudo o que você diz e faz, independentemente do quão aparentemente insignificante, afeta sua família, a comunidade e todos os seres humanos enquanto você viver.

Para ilustrar, uma das coisas que mais me influenciaram há mais de trinta anos atrás, aconteceu no meu primeiro emprego com vendas, logo após o colegial. Eu era uma jovem garota que trabalhava no shopping Sunrise, em Citrus Heights, Califórnia, para uma empresa chamada Swiss Colony. Trabalhando lá, aprendi o processo de vendas em seis etapas, e tinha metas de vendas por hora. O homem que era dono da franquia era treinador de futebol americano, e uma das coisas que ele me ensinou, há mais de trinta anos, era: *"Dar 100% do seu trabalho com todos os clientes sempre, toda vez, sem falhas"*. Aqui estamos, três décadas depois, e eu fiz do dito parte das minhas práticas e ensinamentos comerciais desde então. Eu chamo isso de minha regra de 100%.

Mantenha você e seu pessoal de vendas nesse padrão. Você deixaria um cliente percorrer por seus estandes de vendas sem cumprimentá-los adequadamente, sem descobrir a sua atual situação, sem avaliar bem suas necessidades e dedicar um tempo para apresentar nossos modelos, sem mostrar o valor e a qualidade que a construtora coloca em nossos imóveis? Ainda estou enviando e fazendo ecoar a mensagem que ele me deu anos atrás, e outros que eu influenciei também enviam os sussurros e ecos. É assim que funciona. É assim que o que você diz e faz—e às vezes parece tão pouco—pode ter um efeito tremendo no quadro geral de nossas vidas.

Tudo volta pra você, de uma maneira ou de outra, seja direta ou indiretamente. Pode parecer realmente óbvio e quase imediato quando é de forma direta, ou pode haver um atraso e ser menos óbvio quando indireto. Você não experimenta necessariamente os resultados do Carma até anos depois. Por exemplo, depois do ensino médio, eu me inscrevi para fazer um intercâmbio e, para resumir uma longa história, acabei sendo aceita para ir ao Brasil, mas, por um conjunto inexplicável de circunstâncias, a oportunidade foi tirada de mim. Enquanto isso, o programa de intercâmbio continuava me enviando todas as informações para eu fazer essa viagem ao Brasil, para fazer um intercâmbio de um ano. Continuei recebendo informações do programa e achei que era apenas um erro. Então, finalmente, recebi uma carta da minha família anfitriã me acolhendo em sua casa. Eu realmente queria ir. Eu trabalhei duro. Eu economizei meu dinheiro. Eu havia me inscrito no programa duas vezes. Outros membros da minha família estavam arrecadando fundos para me enviar. Era o meu sonho. Então, enviei uma carta à família brasileira e perguntei se eu poderia ir mesmo assim, embora os meus patrocinadores oficiais tivessem, por algum motivo, mudado de ideia. Imaginei que, se a família anfitriã me quisesse com o programa, eles iriam me querer sem o programa. Mas, nesse meio tempo, eles foram enviados para uma outra garota. Então, eles disseram aos amigos sobre mim e os amigos deles me convidaram para morar em sua casa por um ano. Isso foi há trinta e poucos anos, mas fiquei muito próxima de minhas famílias brasileiras ao longo dos anos. Estamos conectados para a vida toda.

Avançando para sete anos atrás, minha irmã anfitriã brasileira entrou em contato comigo e disse que a sobrinha havia se candidatado para um programa de intercâmbio nos Estados Unidos, e que o programa de intercâmbio estava tendo dificuldades para encontrar uma família para ela. Ela explicou que a sobrinha havia se candidatado duas vezes e não seria capaz de vir para os Estados Unidos porque este era o seu último ano possível, devido às restrições de idade. Então, me ofereci para recebê-la, e ela veio morar em minha casa. Há apenas alguns anos atrás, eu também hospedei seu irmão. No geral, às vezes nunca sabemos quando vamos experimentar as consequências, até as não intencionais, de nossas ações. Se eu não tivesse procurado ir ao Brasil e ser aluna de intercâmbio, mesmo depois de ser rejeitada, nada disso teria acontecido. Às vezes, suas ações voltam da maneira mais surpreendente, mesmo décadas depois. Como diz o ditado: *"Tudo o que vai, volta"*.

Eu quero propor que o Carma é infinito. Tudo o que dizemos e fazemos funciona como uma gota de água em um lago. As ondulações se sobrepõem a medida em que nossas palavras, ações e os eventos estão constantemente acontecendo. As ramificações continuam voltando para nós, de uma maneira ou de outra, direta ou indiretamente. E por que isto? Bem, é porque somos todos como um só.

A singularidade leva em consideração a percepção de que afetamos um ao outro, porque estamos interconectados. A interconectividade é algo que tem sido importante historicamente, mas podemos até olhar para a própria indústria. Veja o que aconteceu durante a crise imobiliária, por exemplo. Durante o boom, houve muitas práticas irresponsáveis de empréstimos e o resultado foi uma explosão de proporções enormes. Isso afetou todos nós nos Estados Unidos e no exterior, de maneira significativa.

Quando penso em interconectividade, penso em alguns dos meus heróis na vida—Martin Luther King, Gandhi e Steven Covey, para citar alguns. A seguinte citação é do discurso "Eu tenho um sonho" de Martin: *"...para muitos de nossos irmãos brancos, como evidenciado por sua presença aqui hoje, chegaram a perceber que seu destino está ligado ao nosso destino, e eles perceberam que a liberdade deles está intrinsecamente ligada à nossa liberdade... O que quer que afete diretamente alguém, afeta indiretamente a todos"*. Eu não poderia concordar mais. É assim que estamos conectados. Isso é que é noção de unidade. Lembre-se de nossa unidade e interconectividade ao interagir com seus clientes todos os dias.

Gandhi afirma da mesma forma: *"A interdependência é, e deve ser tanto um ideal do homem quanto a autossuficiência. O homem é um ser social. Sem a inter-relação com a sociedade, ele não consegue perceber sua unidade com o universo, ou reprime o egoísmo. Sua interdependência social o prepara para testar sua fé e provar a si mesmo, como demonstrou a prova da realidade "*.

Vou sugerir, porém, que não é tanto uma questão de fé como é de evidência empírica. Tudo o que você precisa fazer é olhar em volta. Pense em seu relacionamento com os membros da sua família. Se uma pessoa está em pânico, às vezes isso deixa todo mundo triste. Por outro lado, quando alguém compartilha algo alegre, pode todo mundo sentir essa alegria? Com certeza! É assim que estamos conectados.

O falecido Steven Covey, resume muito bem esse conceito em termos do ambiente de negócios. *"O pensamento independente, por si só, não é adequado para a realidade interdependente. Pessoas independentes, que não têm maturidade para pensar e agir interdependentemente podem ser bons produtores, mas não serão bons líderes ou bons jogadores em esportes de equipe. Eles não vêm do paradigma de interdependência necessário para se ter sucesso no casamento, na família, ou na realidade organizacional".*

O carma nos mostra que o que emitimos volta para nós. A energia que enviamos volta para nós da mesma forma, e que todos nós estamos conectados um ao outro. Precisamos ter muita consciência de nossas ações. Outra coisa que você deve se perguntar é: *"O que está me motivando?"*. O que é que está motivando suas ações?

Esteja Preparada

Quando souber para onde está indo, você deve manter o foco e a determinação em seus objetivos, e se preparar para o sucesso. Sua preparação espelha a sua crença de que o resultado desejado está sendo realizado. Não que isso *será* realizado, mas que está *sendo* realizado! Mostre a sua crença.

Uma das minhas práticas quando eu era uma corretora de imóveis profissional, era a de que eu sempre tinha 10 contratos de compra prontos. Agora, eu iria escrever 10 contratos por dia? Normalmente não, mas vou lhe dizer uma coisa, eu estava preparada. Eu estava aberta a fazer isso. Eu estava pronta para isso. Eu faria um, poderia fazer dois, poderia fazer três, sem problemas. Aqueles de vocês que estão na linha de frente, quantos acordos de compra vocês tem, com exceção das páginas que você precisa personalizar com informações dos clientes, sítio, número do lote, planta baixa, esse tipo de coisa? Você não está sentado lá imprimindo todas essas páginas. Todas as páginas que podem ser impressas antes, estão impressas e prontas, e em um pacote só para assinar. Você apenas está imprimindo as últimas páginas que precisam ser específicas para uma pessoa e lote. Estar absolutamente preparada para o sucesso demonstra sua crença no universo, de que o resultado desejado está sendo realizado.

Ter integridade consigo mesma é alinhar suas atividades e seus objetivos, em última análise, com a visão de si mesma na vida. Madre

Teresa disse lindamente: *"Seja fiel nas pequenas coisas"*. Acreditar nas pequenas coisas mostra a sua crença, quando você age sobre elas. É nos detalhes que reside sua força. É aí que está o seu poder. Você tem o poder de fazer todo o tipo de coisa acontecer. Isso não só acontece ao seu redor. Você tem que fazer alguma coisa. Comporte-se como se tudo estivesse acontecendo exatamente como você espera. E sim, em um momento, redigi dez contratos em um dia.

Pensamento Abundante

Pensamento abundante é a ideia de que há o suficiente para todos, contrário à mentalidade de escassez. É saber que existe o suficiente para todos. É uma verdadeira mentalidade ganha-ganha-ganha. Observe que não é apenas uma situação em que todos saem ganhando. Isso ocorre porque é uma vitória para o vendedor, é uma vitória para o cliente e é uma vitória para a empresa. É uma vitória para todas as partes envolvidas. À medida que começamos a pensar mais abundantemente no ambiente de negócios, em vez de competir em termos de preço, por exemplo, mantemos nossos preços e aumentamos o nosso serviço aos clientes. Por que fazemos isso? Aumentamos nosso serviço porque o serviço é infinito. O tempo para o serviço nunca falta. Ao contrário, há um tempo e lugar para a concorrência de preços e benefícios. Mas não é mais a hora nem o lugar para isso. O mercado chegou ao fundo do poço, praticamente em todo o país, e é hora de maximizar nossos preços. De fato, em muitos mercados, precisamos fazê-lo para que possamos realmente comprar a terra que precisa ser desenvolvida e construída.

Onde você pode competir, porém, é em termos de serviço. Compare duas lojas grandes, por exemplo. Você entra em uma loja e não consegue ajuda. Pode até não haver ninguém no caixa. Você entra na próxima loja e o vendedor está lá para ajudá-lo. Quando você observa isso, existem muitos concorrentes que oferecem serviços noturnos e diurnos. Pode não haver uma diferença de preço perceptível. O que falta em um é uma mentalidade de abundância. Quando uma empresa aprimora sua estratégia de serviço, não precisa depender tanto de vendas o tempo todo.

Um ótimo exemplo em minha experiência pessoal, foi com o Zappos.com. Há alguns anos, comprei um par de sapatos no site da Zappos. Os sapatos chegaram e eu os estava desembrulhando, abri a caixa e era o sapato certo, era do tamanho certo, era da cor errada. Zappos me enviou a cor de sapatos errada. Liguei para a empresa imediatamente pelo número 1800, de 24 horas. O representante da Zappos imediatamente se desculpou pelo erro e concordou em me enviar os sapatos certos. O segundo par de sapatos chegou no dia seguinte, sem me cobrar nada. A empresa me instruiu a continuar e devolver o primeiro par dentro de algumas semanas, me dispensou de pagar o frete e depois me tornou uma cliente VIP, o que significava que eu receberia frete grátis da Zappos.com pra sempre! Isso foi um serviço ao cliente incrível. A parte que mais me impressionou, foi que a empresa enviou o par certo de sapatos de um dia para o outro, sem sequer receber o par errado em troca primeiro. A Zappos confiava em mim como cliente e, como resultado, confio nessa empresa até hoje.

Esse tipo de serviço pode manter os preços, ou até aumentá-los, sem aumento no nível de comodidade. Se você fornecer um atendimento ao cliente extraordinário e incomparável, verá os resultados desejados.

Contribuição

Contribuição é a lei de dar e receber. O que você faz para retribuir a indústria da construção civil? Quando eu estava em vendas de imóveis novos, eu era um angariadora de fundos para a HomeAid. Houve um momento em minha carreira que me fez sentir como se devesse retribuir à indústria que me deu tanto. Liguei para o presidente da nossa BIA e disse que queria trabalhar com a HomeAid, uma organização que fornece casas e abrigos para pessoas que estão temporariamente desabrigadas. Foi-me dito que a organização precisava de captação de recursos, que era exatamente o que eu tinha em mente.

A captação de recursos para a HomeAid me deu uma enorme alegria. Há algo incrível que volta para você quando se contribui nesse nível. Winston Churchill disse perfeitamente: *"Ganhamos a vida através do que recebemos, fazemos uma vida através do que damos"*. Eu acredito que é importante dar o que é desejado ou necessário. Seja o que for que você escolher, que você optar por dar em contribuição na vida, eu realmente acredito que os resultados cármicos são algo que estão além do que posso articular. Dê, mas não necessariamente faça isso para o reconhecimento. Faça isso para algo maior, mesmo que seja uma razão "egoísta", de que você só quer se sentir bem consigo mesma. Dê sem saber se receberá um benefício, ou como ele voltará para você. Você provavelmente não saberá o que resultará disso. Apenas confie, acredite e saiba, através de sua própria experiência, que ela voltará para você.

Gratidão

Finalmente, gostaria de me concentrar na gratidão. Aqueles de vocês que estão em vendas e sabem pelo que são gratos, podem e atrairão mais—mais clientes, mais vendas e mais resultados. A gratidão atrai mais do que se quer. Seja grata pelas pessoas e por suas contribuições, talentos, forças e ações. Um dos melhores chefes para quem trabalhei sempre viu o melhor nos outros, e conseguia o melhor de nós. Ele confiou e capacitou as pessoas abaixo dele, ao invés de tentar controlar e manipular. Ele tinha uma maneira positiva de ajudar as pessoas, além de suas fraquezas. Eu acho que tudo começou com ver o melhor.

A gratidão abre sua mente para as possibilidades. Existem possibilidades ilimitadas na vida. Olhe para uma situação adversa ou desafiadora com gratidão, e veja outra oportunidade de aprendizado.

Todos nós nos tornamos maiores e melhores por causa disso. O que é bom e o que você pode agradecer em qualquer dada situação, expandem o campo das possibilidades. A gratidão abre seu coração e sua mente para quais são as possibilidades, e é assim que elas a ajudarão a aprender. Por fim, em questão de seus próprios esforços de negócios, a gratidão aumenta os resultados. Aumenta a sua produtividade e os resultados, pois oferece uma perspectiva positiva.

Amor

A minha nota final é o poder do amor. Amar o que você faz todos os dias. Espero que estando neste negócio, você esteja fazendo o que ama. Ame o que faz, faça o que ama e faça com amor.

AGRADECIMENTOS

Há tantas pessoas que preciso agradecer. Primeiro, existem todos os mentores de vendas que tive durante minha carreira. Outros autores, principalmente aqueles citados e reconhecidos neste livro, por compartilharem sua energia e experiência, e por compartilharem com o mundo e comigo em particular. É por causa de líderes generosos como vocês que eu tenho alguém para me inspirar. Sou grata a todos os treinadores de vendas que tocaram minha vida, incluindo Greg, o proprietário da Swiss Colony, e seus dois gerentes de vendas que também nos apoiaram no treinamento. A mulher da Boni me treinou para vender loção facial em ótimas lojas de departamento. Com ela, aprendi a me conectar com uma clientela mais refinada. Em seguida, sou muito grata aos gerentes cujos nomes não me lembro mais, do ramo de automóveis. Com muitos de vocês, aprendi como fechar agressivamente uma venda e ter a coragem de pedir mais de uma vez às pessoas para que comprassem. Foi através da Volkswagen que aprendi, pela primeira vez, como metodicamente apresentar um carro, o qual pude aplicar na venda de máquinas de fax, copiadoras e imóveis. Tom Plendal, da Canon EUA, me ensinou como abordar profissionalmente grandes clientes. Ele era um super vendedor! Mike Ferry me ensinou as perguntas a se fazer para conseguir uma listagem, e quais perguntas fazer para acessar a motivação de vendedor para vender. O filho dele, Matt Ferry, me ensinou a fazer ligações mais frias.

Quero agradecer principalmente a Tony Tonso, por dedicar tempo para me entrevistar para o trabalho como corretora de imóveis. Ele tinha um questionário de seis páginas, fornecido por Bob Schultz. A entrevista levou duas horas, mas quando terminamos, eu sabia que queria trabalhar para ele. Ele me contratou sem nenhuma experiência, enquanto nenhuma outra construtora o faria.

Continuando com minha experiência em imóveis, gostaria de agradecer a Charles Clarke III pelo treinamento de Personalidade BOLT, e a Marilyn Gardner por seu apoio entusiasmado. Ela foi a primeira pessoa a me permitir ajudar no treinamento de vendas, e me permitiu compartilhar algumas das minhas inspirações favoritas com outros vendedores estudantes. Agradeço a Bob Schultz por seus ABCs de vendas de imóveis. Eu costumava ouvir as fitas de Bob várias vezes no meu caminho para o trabalho. Ao falecido Dr. Stephen R. Covey, devo a mais sincera e humilde gratidão. Os ensinamentos de Covey em seu *Os 7 Hábitos das Pessoas Altamente Eficazes* é, até hoje, o meu livro favorito de todos os tempos, para procurar sólidos conselhos sobre como lidar com qualquer situação e ser uma pessoa melhor. Ele era meu herói número um. Da mesma forma, Martin Luther King Junior foi minha primeira inspiração na adolescência. Na oitava série, fiquei tão comovida com o discurso *"Eu tive um sonho"* durante a semana da história negra, que soube que quando crescesse, queria ser uma oradora pública e tornar o mundo um lugar melhor. Também sou grata a Bonnie Alfriend por dar aulas na Certified Sales Professional, e a Nikki Joy por me fazer rir enquanto aprendia sobre o poder e a influência da compradora mulher. Eu ouvi as fitas dela repetidamente também.

Quero agradecer especialmente ao meu ex-chefe, Alan Newman, por me proporcionar ótimas comunidades e por me permitir seguir minhas ideias. Eu nunca me senti reprimida por Alan. Ele sempre viu o melhor nos outros. Ele me deu um excelente exemplo e, desde então, percebi que a qualidade é o verdadeiro sinal de um líder excepcional.

Agradeço ao meu parceiro de vendas, Fred Jacobs, por ser um ótimo parceiro em um ambiente competitivo. Ele sempre me manteve ocupada. Eu sempre soube que não podia deixar minha bola de acompanhamento cair, ou ele a pegaria e a venderia para meus clientes, e receberia toda a comissão. Ele também tolerou, profissionalmente, quando eu vendia as dele. Obrigada por mostrar que um ambiente competitivo funciona e não precisa ser cruel.

Meu cliente recorrente e, mais importante, meu amigo Johnny Comilang, por me dizer um dia em meu estande de vendas que eu deveria escrever um livro. Eu nunca esqueci suas palavras. Agradeço seu incentivo.

Também sou grata a quem foi meu cliente oculto. Pelo seu exemplo, você me permitiu levar a concorrência ao impopular extremo.

Sou grata a todos os corretores da Beazer Homes que trabalharam para mim. Nós demos uma surra na concorrência durante um mercado desafiador e às vezes deprimente. Todos vocês me ensinaram a ser uma líder melhor, e a descobrir constantemente como poderíamos fazer mais vendas. Todos vocês trabalharam duro, fizeram um excelente trabalho e me fizeram sentir bem. Nós éramos uma ótima equipe juntos.

Também sou grata ao falecido Brian Klemmer por criar o treinamento de Desenvolvimento Pessoal e Liderança da Klemmer e Associados. Eu conheci Brian na sua sessão de autógrafos em uma loja na Corte Madera, quando a Filosofia de seu Samurai foi publicado pela primeira vez. Ele elaborou a característica da ousadia. Nunca esquecerei a história que ele contou onde a conclusão foi de que: *"se você não está tremendo, não está correndo riscos grandes o suficiente"*. O pessoal da K&A estão realmente comprometidos em ajudar as pessoas a superar os paradigmas que os atrasam em alcançar a sua grandeza.

Também gostaria de agradecer a todos as construtoras que acreditaram em mim e me contrataram para consultoria, treinamento e para ser cliente oculta. Sou eternamente grata por sua confiança.

Quero agradecer a minha mãe por dar um ótimo exemplo no setor imobiliário, por me encorajar a seguir uma carreira em vendas e por me convencer a vender imóveis e entrar no ramo de venda de imóveis. Foi ela quem sugeriu que eu me inscrevesse na Beazer Homes.

Quero agradecer ao meu pai por ter uma mentalidade grandiosa e me mostrar como pensar grande. Ele despertou meu interesse em negócios, economia e bens de conveniência.

Por último, sou eternamente grata por meu filho, Cayman. Ele é o filho com quem sempre sonhei e a maior alegria da minha vida. Estou absolutamente orgulhosa dele.

Meu sucesso é o resultado dos ensinamentos de todos aqueles que vieram antes de mim. O que está escrito neste livro reflete os ecos daqueles que me precederam. Como compartilhei em minha auto-introdução, sou puramente um produto de treinamento profissional. Espero que você aprecie minha contribuição à nossa indústria e comércio, pois compartilhei o que acredito ser verdadeiro sobre o sucesso nas vendas de imóveis e minha energia, entusiasmo, seriedade e melhores técnicas.

Agradeço também a todos que estão comprometidos em se tornar vendedores excepcionais. Sou grata por aqueles que participaram dos meus seminários online, assistiram, gostaram e se inscreveram no meu canal no YouTube, e por quem adquiriu, leu e escreveu uma resenha deste livro. Este livro é para você!

REFERÊNCIAS

Bettger, Frank. (1992). *Do Fracasso ao Sucesso em Vendas.* Nova Jersey: Touchstone.

Chapman, Gary. (1995). *As 5 Linguagens do Amor: Como Expressar Um Compromisso de Amor a Seu Cônjuge.* Chicago, IL: Northfield Publishing.

Coelho, Paulo (1988). *O Alquimista.* Nova York, NY: HarperTorch.

Covey, Stephen R. (2013). *Os 7 Hábitos das Pessoas Altamente Eficazes: Lições Poderosas para a Transformação Pessoal* (25ª edição). Nova York, NY: Simon & Schuster.

Doran, George. (1981). *There's a S.M.A.R.T. Way to Write Management's Goals and Objectives. Management Review.* 70(11), p. 35-36.

Gladwell, Malcolm. (2005). *Blink: A Decisão Num Piscar de Olhos.* Nova York, NY: Back Bay Books, Little, Brown and Company.

Gladwell, Malcolm. (2000). *O Ponto da Virada: Como Pequenas Coisas Podem Fazer Uma Grande Diferença.* Nova York, NY: Little, Brown and Company.

Klemmer, Brian. (2004). *If How-To's Were Enough We'd All Be Skinny Rich and Happy.* Tulsa, OK: Insight Publishing Inc.

Klemmer, Brian. (2008). *A Filosofia Samurai: Como Ser Extraordinário em um Mundo Comum.* Estados Unidos: Hay House.

Rackham, Neil. (1988). *Alcançando Excelência em Vendas.* Nova York, NY: McGraw-Hill Professional Publishing.

Siegel, Connie McClung. (1983). *Sales: The Fast Track for Women*. Londres, Inglaterra: Macmillan Publishing Company, Inc.